MANUEL DU CANTONNIER

DE CHEMINS VICINAUX

> Les voies de terre sont les rues des
> États, elles sont l'instrument le plus
> utile de l'agriculture et du commerce.
> C'est par elles que vivent les autres
> voies, comme les rivières par leurs
> ruisseaux. Sans elles la France en se-
> rait encore à ses forêts. Nulle mine
> n'est plus féconde, c'est une mine
> de routes d'or.

par

BERTHAULT-DUCREUX

INGÉNIEUR EN CHEF DES PONTS ET CHAUSSÉES

PARIS

CARILIAN-GŒURY et Victor DALMONT, quai
des Augustins, N°s 39 et 41

Janvier 1845.

MANUEL

DU CANTONNIER

DE CHEMINS VICINAUX.

SOMMAIRE.

Ce que doit contenir un manuel du cantonnier. — Motifs qui décident des travaux ;
principes qui en découlent. — Description
des ouvrages qui sont du ressort des cantonniers. — Memento des principales tâches à
exécuter mois par mois. — Maximes et préceptes. — Note sur le balayage et la théorie
du maximum de beauté. — Notions statistiques
sur les chemins vicinaux.

MANUEL

DU CANTONNIER

DE CHEMINS VICINAUX.

> Les voies de terre sont les rues des États, elles sont l'instrument le plus utile de l'agriculture et du commerce. C'est par elles que vivent les autres voies, comme les rivières par leurs ruisseaux. Sans elles la France en serait encore à ses forêts. Nulle mine n'est plus féconde, c'est une poule aux œufs d'or.

par

BERTHAULT-DUCREUX,

INGÉNIEUR EN CHEF DES PONTS ET CHAUSSÉES.

PARIS,

CARILLIAN-GOEURY et Victor DALMONT, quai des Augustins, N.os 39 et 41.

Janvier 1845.

MANUEL
DU CANTONNIER
DE CHEMINS VICINAUX

Chalon-s.-S., Imp. de J. Dejussieu.

PAR

[...]

PARIS

LIBRAIRIE [...] de Victor DALMONT [...]
des Augustins, [...]

Juin 1856.

MANUEL
DU CANTONNIER
DE CHEMINS VICINAUX.

Les voies de terre sont les rues des États, elles sont l'instrument le plus utile et de l'agriculture et du commerce. C'est par elles que vivent les autres voies, comme les rivières par leurs ruisseaux. Sans elles la France en serait encore à ses forêts. Nulle mine n'est plus féconde ; c'est une poule aux œufs d'or.

AVANT-PROPOS.

§. 1.er — A nos yeux, un Manuel du Cantonnier doit contenir ce qu'il y a de plus utile à savoir sur la nature des travaux à exécuter, sur la manière de les faire, sur l'époque et sur le temps qui y sont le plus propices, sur les outils, instruments, ustensiles qu'ils exigent, enfin sur tout ce qui est de pure pratique. Mais il ne doit pas se borner à cela ; il doit, et préalablement, fournir des notions claires et précises, quoique succinctes, sur les principales raisons de cette pratique, sur les motifs des préceptes et des prescriptions dont ils sont l'objet. Celui qui aura ces notions, qu'il soit ouvrier, surveillant, directeur, homme de loisir, publiciste, leur devra une connaissance bien plus prompte et plus sûre de l'art qu'ils constituent, et le moyen de concourir, selon sa position et sa mesure, à en assurer l'exercice et la vulgarisation. Dire uniquement ce que c'est que cette nature, cette manière de faire, cette époque, ces outils, n'enseigner que des règles, ce serait presque considérer ses lecteurs comme des machines.

On pourra peut-être trouver des inconvénients à cette méthode ; quelle est celle qui n'en a pas ? Mais une longue expérience nous autorise à croire que, circonscrite dans de justes bornes, elle en a peu et possède de grands avantages. Ce à quoi nous visons surtout, c'est à faire pénétrer dans le public, dans les campagnes, parmi les maires et les conseils municipaux, parmi les voyers, des idées exactes, des vérités bien établies sur un sujet qui intéresse au plus haut point le pays, et peut-être plus l'agriculture que la plupart de ceux dont on se préoccupe pour elle.

La nation ignore que l'art de traiter les chemins est encore dans l'enfance, que la plupart de ses problèmes fondamentaux attendent encore leur solution, que beaucoup ne sont pas même posés; que, bien mieux, son idiome commence à peine à se former. Il est bon de le lui dire, tout en lui annonçant, et en le lui prouvant, que des études non moins pratiques que théoriques ont cependant donné le moyen d'en résoudre quelques-uns, d'en dégrossir d'autres, et par suite, ce qu'il y a pour le moment de plus essentiel, de plus pressé, d'obtenir à coup sûr partout, et sans les mesures restrictives que l'on avait crues long-temps indispensables, une viabilité aussi parfaite que l'on puisse le désirer.

Vingt-sept ans d'étude toute spéciale, dont vingt consacrés à des investigations poursuivies sans relâche, dont douze affectés à la direction d'un service d'expériences qui traverse une partie de la France, nous donnent l'espoir que ce petit écrit, qui du reste sera suivi d'autres pareils, ne sera pas sans utilité pour le but que nous venons d'indiquer.

Il sera divisé, pour plus d'ordre et

de clarté, en quatre chapitres, sous les titres suivants : 1.º Notions sur les motifs qui décident des travaux et des mesures les plus propres à assurer, et au meilleur compte possible, la bonne viabilité des chemins vicinaux ; principes qui en découlent ; 2.º Description des ouvrages qui y sont du ressort des cantonniers ; 3.º Mémento des principales tâches à y exécuter mois par mois ; 4.º Maximes et préceptes qu'il est le plus utile d'y avoir souvent présents à l'esprit.

Un des meilleurs moyens de faire comprendre un sujet peu connu est de le présenter sous différentes faces, et parfois même seulement en d'autres termes. On doit donc s'attendre à nous voir revenir de temps à autre sur des faits et des idées que nous aurons déjà exposés. Nous croyons préférable d'insister sur ce qui est essentiel que de traiter des détails, de courir la chance de redites superflues que celle d'oublier quelque chose d'important ou de ne pas nous être exprimé assez clairement. Quand Napoléon a dit que la répétition est de toutes les figures de rhétorique la plus utile, n'avait-il pas de telles considérations en vue ? n'était-il pas frappé de la facilité avec laquelle, surtout dans une étude un peu longue, l'esprit laisse échapper une partie de ce qui ne lui a été offert qu'une fois ?

DÉFINITIONS.

Accotements. — Parties en terre qui, avec une chaussée située au milieu, constituent ordinairement tout chemin de voiture.

Dépression. — Usure ou affaissement qui se manifeste sur les routes, sans avoir le caractère plus ou moins brusque et creux des ornières et des flaches.

Détritus. — Produit terreux provenant des matériaux. Ce sont la boue des chaussées, leur poussière, les parties fines qu'engendre le cassage.

Enchevêtrement. — Mise en corps des matériaux. Quand un répandage, un emploi a été uni, n'est plus mobile, il y a eu enchevêtrement.

Pièce. — Répandage fait dans une flache.

Cordon. — Répandage fait dans un frayé ou dans une ornière.

Nappe. — Répandage fait sur une dépression, sur une étendue plus ou moins large et longue que l'on veut relever.

Épiderme. — Couche ou pellicule plus ou moins mince qui forme la superficie de toutes les chaussées où elle remplit les vides compris entre les sommets des petites pierres.

Derme. — Couche formée de toutes ces petites pierres.

Desquammations. — Arrachements produits, lors de certains dégels, brouillards ou pluies, par les roues ou les pieds.

I.

NOTIONS

Sur les motifs qui décident des travaux et des mesures les plus propres à assurer, et au meilleur compte possible, la bonne viabilité des chemins vicinaux ; — Principes qui en découlent.

---

§. 2. — Dans notre opinion, il est essentiel pour bien comprendre, et à plus forte raison pour diriger avec succès, comme pour surveiller convenablement, la manière de traiter les routes, d'avoir des idées justes, 1.° sur les causes de leur détérioration, sur la manière d'opérer de ces causes, sur leur degré d'énergie ; 2.° sur les circonstances qui peuvent en accroître l'action comme sur celles au contraire qui peuvent l'affaiblir et permettre de les combattre ; 3.° sur les faits principaux, ou qui sont le plus propres à jeter du jour sur ces deux ordres d'influence.

Nous allons donc passer en revue ces trois chefs. Commençons par leur énoncé dont nous ferons une première section ; nous nous occuperons ensuite de leur exposition dont nous ferons une seconde ; les principes seront l'objet d'une troisième.

1.ʳᵉ SECTION.

ÉNONCÉ DES CAUSES, DES CIRCONSTANCES ET DES FAITS PRINCIPAUX.

§. 3. — *Causes de la détérioration des chemins.* — Les causes principales de la détérioration des voies de terre peuvent être distinguées en actives et en passives. Celles actives, classées dans leur ordre généralement le plus nuisible, sont : 1.º les voitures ; 2.º l'écoulement des eaux de pluie, et particulièrement de celles d'orage, ou de celles abondantes ; 3.º les pieds des animaux et ceux des personnes. Celles passives, qui parfois sont encore plus dommageables, sont : 4.º les alternatives de gel et de dégel, et surtout les grands dégels, ceux qui succèdent à des froids plus ou moins longs et intenses, survenus pendant que le sol était très-humide, et qui ont été entremêlés de temps pluvieux ; 5.º d'épais brouillards ; 6.º la surabondance d'humidité intérieure ; 7.º un excès de sécheresse. Les qualifications *actives* et *passives* n'ont pour but que d'éviter la confusion entre deux ordres de causes distincts.

§. 4. — *Circonstances favorables ou défavorables aux détériorations.* — Les circonstances qui influent le plus sur les effets produits par ces causes, sont : 1.º le nombre et la charge des voitures, leur espèce, le degré de bonté de leur construction et de leur état, surtout quant à la manière dont les roues fonctionnent sur leur fusée ; 2.º l'épaisseur des chaussées, la nature et l'espèce des matériaux ; 3.º l'époque de l'année ; 4.º la nature du sol, l'exposition, la situation abritée ou non, le climat ; 5.º enfin, la douceur ou la raideur des pentes.

§. 5. — *Faits principaux.* — 1.º Les chemins peu fréquentés n'ont besoin, pour chaussée, que d'une mince couche de pierres ; 2.º la grande majorité des chemins vicinaux est dans ce cas ; 3.º il y a avantage à ne jamais laisser les dégradations dépasser un certain terme ; 4.º l'opportunité du travail joue sur les voies de terre un rôle très-important ; 5.º parmi les ouvrages qu'exigent ces voies, il en est un qui peut y remplir la fonction du volant dans les machines ; 6.º il y a des chemins ou portions de chemins qui ont naturellement une proportion suffisante de pierres ; 7.º il y a des sols qui, quoique sans pierres, sont bien meilleurs que d'autres ; 8.º le degré de résistance et de bonté des chaussées se ressent sensiblement de la nature de leurs détritus ; 9.º il y a des moments où de simples accotements supportent très-bien la circulation des plus lourdes charges ; 10.º partout où la fréquentation est considérable, les pluies d'automne font expulser des chaussées, par le roulage, des quantités considérables de boues ; 11.º il y a des époques où le sol des voies de terre est trop dur pour qu'il convienne d'y rien faire d'important ; 12.º tout emploi perd par l'enchevêtrement une portion sensible d'épaisseur ; 13.º une fréquentation d'une trentaine de colliers produit sur une chaussée de 3 à 4 mètres de largeur une usure annuelle d'environ trois millimètres de hauteur ; 14.º cette fréquentation n'exige qu'un cantonnier pour une dizaine de kilomètres.

2.me SECTION.

EXPOSITION DES CAUSES, DES CIRCONS- TANCES ET DES FAITS.

DES CAUSES.

§. 6. — *Voitures*. — En raison de la faible circulation qui a lieu sur les chemins vicinaux, le dommage qu'y causent les voitures s'opère d'ordinaire avec lenteur, et par suite n'appelle généralement des réparations urgentes que quand on a laissé le mal s'aggraver, s'accumuler ; néanmoins, il est bon de faire attention qu'il y a des instants, de peu de durée il est vrai, pendant lesquels cette circulation peut aller jusqu'à doubler, tripler et au-delà, du moins sur certains points, et que ces instants correspondent à certaines foires, à telle ou à telle récolte, à l'époque de la conduite des fumiers, à certaines fêtes, à l'usage d'eaux thermales, à des moments d'exploitations de bois, de forêts, etc., etc. Ensuite, il faut considérer que, dans la plupart des communes, il y a au moins des fragments de chemins, surtout dans les traverses, qui sont sensiblement plus fréquentés.

(12)

§. 7. — *Ecoulement des eaux.* — Habituellement ce n'est que dans les parties en pente que cet écoulement cause des dommages sensibles ; mais, contrairement à ceux dont nous venons de parler, ils sont assez prompts. Fréquemment aussi ils sont plus forts sur les chemins vicinaux que sur les grandes routes, parce que ces voies n'ont pas, et à bon droit, autant de solidité (1). Ils y méritent donc, relativement, plus d'attention. D'ailleurs, chaque canton devant y être quatre à cinq fois plus long, ils y sont en même proportion. Enfin, la douceur des pentes n'ayant pu y être ménagée comme sur celles-ci, ils sont nécessairement plus exposés à ces dommages.

§. 8. — *Pieds des animaux et des personnes.* — Cette cause de dégradation n'engendre le plus souvent que peu de dépense. Et cela est surtout vrai pour les chemins vicinaux où le petit nombre de tas de pierres ne permet pas au bétail de causer sensiblement de désordre.

(1) On donne, et avec raison, aux chemins vicinaux moins de largeur qu'aux routes. Il est tout aussi rationnel de régler leurs autres éléments d'existence sur le rôle qu'ils ont à remplir.

§. 9.—*Alternatives de gel et de dégel; grands dégels.* — Ces alternatives n'atteignent généralement que la surface des routes ; et, là où la circulation est faible, elles ne donnent lieu qu'à de faibles dommages. Mais elles ont le défaut de rendre cette surface glissante et tirante, de donner fréquemment aux roues la propriété d'en arracher, d'en enlever et d'y distribuer çà et là des plaques d'épiderme, et parfois de derme, enfin de la salir et de l'enlaidir.

Les forts dégels, ceux surtout qui surviennent rapidement à un moment où les chemins gelés jusqu'à une dizaine de centimètres de profondeur renferment, par suite de la manière dont les intempéries ont eu lieu, une surabondance d'eau inusitée, ont l'inconvénient très-grave de désagréger toute la couche de matériaux à laquelle ils s'étendent. Il en résulte que la chaussée qu'ils formaient a besoin d'être de nouveau comprimée et liée, ou artificiellement par l'usage du rouleau, ou naturellement par le passage des voitures ; ce qui est pour celles-ci une tâche pénible et rude, d'autant plus pénible et rude, qu'alors il est rare qu'elle ne contienne pas, au moins en quelques endroits, un excès plus ou moins notable de détritus.

Ces dégels, qui sont la plaie des routes, sont loin heureusement de se présenter toutes les années, et ne prennent même dans celles où ils se montrent que quelques jours, rarement deux ou trois semaines. Ils ne sauraient donc raisonnablement servir de texte à une mesure générale et surtout de tous les instants. D'ailleurs, quand on sait se conduire comme il faut pour les combattre, on les réduit le plus souvent à ne faire que peu ou point de mal.

L'excès et la profondeur de l'humidité qui y donnent lieu sont dûs constamment ou à peu près à ce que l'on n'a pas bien saisi, ou à ce que l'on a négligé les occasions qui se sont offertes, car presque toujours il s'en offre, de hâter à certaines époques l'écoulement des eaux, et de faciliter à d'autres l'évaporation.

Ce redoutable phénomène est constamment produit par une succession de froids qui saisissent les dégels dans des moments où les chaussées déjà soulevées ont pris une nouvelle dose d'eau; et il est, toutes choses égales d'ailleurs, d'autant plus dangereux, que cet effet s'est renouvelé plus souvent.

§. 10. — *Épais brouillards.* — Les pluies de la mauvaise saison, à moins qu'elles ne soient fort peu abondantes, donnent en général assez d'eau pour que leurs inconvénients soient amoindris par la propriété qu'elles ont d'entraîner hors des routes plus ou moins de détritus, d'en laver même parfois assez bien toute la surface; ce qui a lieu surtout sur celles peu fatiguées, en raison de ce que le roulage n'y a pas le temps de malaxer l'eau avec l'épiderme. Mais il n'en est pas de même des brouillards épais; ils n'ont, eux, ou peu s'en faut, le plus souvent, que des défauts; leur tendance, et ordinairement leur résultat, est de créer ou de maintenir le maximum d'humidité, d'abord directement en en produisant bien plus que ce maximum, ensuite indirectement en empêchant le soleil, l'air et ses courants d'en faire évaporer une partie. Nous ne serions même pas surpris qu'ils fussent nuisibles par d'autres raisons encore, attendu qu'ils nous ont souvent paru une cause de dépenses plus puissante que celles-ci ne nous auraient semblé devoir le faire présumer; mais nous n'en connaissons pas. Ajoutons qu'ils ont fréquemment l'inconvénient de donner lieu aux arrachages de plaques, ou desquammations.

§. 11.— *Surabondance d'humidité intérieure.* — Cette surabondance est presque constamment nuisible, en raison de ce que, diminuant d'une manière sensible la résistance des détritus qui font partie intégrante des chaussées bien consolidées, elles diminuent par suite la leur, et y rendent plus considérable la consommation des matériaux. Ceux-ci en effet y sont moins stables, et bien plus sujets à être, les uns écrasés, les autres écornés. Parfois cependant elle est utile; c'est lorsqu'à l'époque des hâles de mars, ou de certains vents secs de printemps, l'épiderme et le derme tendent à devenir beaucoup trop secs, car alors elle leur cède un peu de cette humidité. Nous avons observé dans nos expérimentations des exemples frappants de cet effet.

§. 12. — *Excès de sécheresse.* — C'est surtout dans le midi que les inconvénients de cet excès se font sentir. Mais même dans le nord, on peut en trouver des preuves sur les parties de routes élevées, bien découvertes, et plus ou moins ventées. Les matériaux siliceux surtout en souffrent d'une façon toute particulière, et plus spécialement ceux à gros grains.

DES CIRCONSTANCES.

§. 13. — *Nombre et charge des voitures, etc.* — Les voitures ne sont pas seulement beaucoup moins nombreuses sur les chemins vicinaux que sur les routes ; elles sont aussi ordinairement bien moins chargées. De plus, il est très-rare que leurs jantes dépassent onze centimètres. Elles sont moins nombreuses, parce que ces chemins sont étrangers aux transits. Elles sont moins chargées, d'abord, parce que les cultivateurs à qui elles appartiennent sont le plus souvent trop peu aisés pour les avoir d'une grande solidité, et pour posséder des animaux forts et bien nourris ; ensuite, parce que comme ils ne sont pas voituriers de profession, qu'ils ont bien des jours de chômage, et conduisent le plus souvent à la ville voisine, par petites portions, suivant leur avoir et leur vente, leurs propres denrées, il y a chez eux moins de motifs et de moins puissants que chez les rouliers pour porter des poids considérables ; enfin, parce qu'ils sont bien plus souvent forcés de revenir à mi-charge ou sans charge. Leurs jantes ne dépassent presque jamais onze centimètres, parce que dans la culture cela n'est jamais utile.

Chaque collier représente donc en général sur ces chemins un poids sensiblement moins lourd, et par suite une usure moindre que sur les routes.

1 .*

Toutefois, la différence qui existe par rapport à cette usure est quelque peu affaiblie par l'imperfection des voitures, imperfection qui donne lieu à des chocs plus fréquents, et à un frottement sur l'essieu sensiblement plus fort.

§. 14. — *Épaisseur des chaussées, Nature et Espèce des matériaux.* — Une épaisseur de 20, 30, 40 centimètres ou plus, est à coup sûr bien préférable à une de 6 à 10; mais elle coûte aussi beaucoup plus. Or, à quoi bon, quand on n'a pas d'argent de trop, faire plus que le nécessaire? Celle de 6 à 10, aidée d'un entretien convenable, est en général pleinement suffisante pour des chemins qui n'ont pas plus d'une quarantaine de colliers. Sur ceux ou portions de ceux qui en ont plus, et jusqu'à une centaine, dix à quinze centimètres sont ordinairement convenables.

Quant aux matériaux, il n'est pas nécessaire qu'ils soient fort durs. Ils peuvent être de qualité médiocre, parfois même très-médiocre, et suffire. Ici leur bas prix est le plus souvent une chose plus essentielle que leur dureté. Cependant il ne faut pas qu'ils soient mauvais. Entre matériaux de même nature, ceux d'espèce serrée et à grains fins sont généralement préférables. Un point capital, c'est qu'ils ne soient pas gelifs.

§. 15. — *Époque de l'année.* Une fois le printemps arrivé, la viabilité des chemins vicinaux a peu de chose à redouter jusqu'à l'automne. Il en résulte que les ouvrages à faire dans cet intervalle sont généralement moins urgents, bien que souvent aussi utiles et parfois plus. Cependant il ne faut pas oublier que le temps des récoltes, les jours de foire, etc., etc., surtout s'ils sont pluvieux, peuvent exiger des travaux pressants; que d'ailleurs, dans la plupart des communes, il y a des portions de ces chemins qui ont un chiffre de fréquentation plus ou moins élevé.

Les cinq mois de mauvaise saison sont au contraire une époque pendant laquelle le mal pourrait s'aggraver promptement, et la viabilité souffrir, même sur les parties peu fréquentées, si l'on n'avait constamment l'œil sur ce qui s'y passe.

§. 16. — *Nature du sol, Exposition, Abris, Climat.* — L'influence de ces quatre choses, déjà évidente par elle-même, a dû le devenir encore davantage par ce qui a été dit jusqu'ici. Un

sol argileux , humide , bas , exige une
chaussée plus épaisse et un entretien
plus soigné qu'un sol maigre , sec,
élevé. Une exposition au nord , ou que
les rayons solaires négligent, est, quoiqu'à un degré moindre, dans le même
cas. Sur presque toutes les routes , il
y a un côté , tantôt le droit , tantôt le
gauche , qui sous ce point de vue a un
avantage marqué , et doit par conséquent être traité différemment. Une
partie abritée par des haies , ou voisine de bois qui , malgré leur éloigne-
ment à la distance voulue , y attirent ,
y maintiennent plus de fraîcheur , a
d'autres besoins qu'une partie qui n'a
ni l'un ni l'autre de ces défauts. Et puis
ces défauts eux-mêmes deviennent des
avantages par les chaleurs , par les
temps secs , par certains vents. Le climat n'appelle pas des considérations
de moindre importance. Il veut , lui
aussi , qu'on le consulte , qu'on ait
égard à ce qu'il prescrit sur la manière
d'administrer ces voies.

§. 17. — *Douceur ou Raideur des Pentes.* — Les pentes douces sont avanta-
geuses , en raison de ce qu'elles facili-
tent l'écoulement des eaux sans leur
faire acquérir une vitesse assez grande
pour être bien nuisible. Les pentes

raides au contraire ne le sont jamais ;
et l'on doit en général veiller avec soin
à ce que les chaussées n'y soient pas
creuses ni même plates, afin que ces
eaux s'en échappent promptement.

On doit aussi le plus souvent y
faire exécuter de distance en distance,
dans les fossés, de petits barrages en
fascines, pour amortir cette vitesse et
empêcher les dégradations. Ces barrages sont ordinairement plus économi-
ques, et d'un succès plus assuré que
ceux en pierres sèches.

DES FAITS.

§. 18. — *Chaussées minces.* — Tout
chemin dont la fréquentation est faible
(de moins d'une quarantaine de colliers
en 24 heures), s'il a à sa surface, soit
naturellement, soit artificiellement,
une couche même mince et de quelques centimètres seulement de petites
pierres, ne se détériore en général que
lentement, et d'autant plus lentement
que cette fréquentation est moindre,
*pourvu qu'il soit convenablement soigné
et entretenu.*

Depuis une trentaine d'années nous
avons acquis maintes fois la preuve de
ce fait. Nous avons même vu, et nous
voyons encore journellement des chaus-

sées , fatiguées à plusieurs centaines de colliers ; conserver une viabilité suffisante , bien que n'ayant qu'une épaisseur d'une dizaine de centimètres. Il est vrai que ce dernier résultat ne peut être obtenu qu'au moyen de fortes dépenses en matériaux et en main-d'œuvre. Mais il n'en est pas moins certain qu'avec cette faible épaisseur on peut très-bien maintenir la viabilité. Seulement il en coûte davantage que si elle était plus forte (1).

§. 19.—*Fréquentation des chemins vicinaux.* — Sur la plupart des chemins vicinaux la circulation des voitures est au-dessous du chiffre qui précède ; sur beaucoup elle n'est moyennement que d'une dizaine de colliers , et il semble probable que sur le plus grand nombre elle est d'au plus une trentaine. Certains, il est vrai, en ont une considérable, et quelques-uns une énorme ; mais ce sont là des exceptions. Cependant il y a peu de communes qui n'aient , ne

(1) On verra dans notre Manuel du Cantonnier de grandes routes que, dès que la fréquentation atteint, et surtout dépasse environ deux cents colliers, il est généralement à propos, et surtout dans les sols médiocres , de ne pas rester au-dessous de 0.15 ; et d'aller dans certaines circonstances jusqu'à 0.30 et plus

fût-ce que dans les traverses des villages, des fragments de chemins fréquentés au double, parfois même au triple
et plus.

§. 20. — *Point à temps.* — Une longue
expérience a appris que quand un
objet est exposé à des dégradations
plus ou moins incessantes et fortes,
c'est un acte de prévoyance et d'économie que de ne pas attendre pour
réparer ces dégradations qu'elles soient
graves. Ce fait a donné lieu dans le mé-
nage à la règle du *point à temps*, règle
qui est devenue un des premiers préceptes, un principe essentiel de l'art
d'entretenir les grandes routes, celles
très-fatiguées surtout.

L'observation enseigne que, le plus
souvent, cette règle est bonne à suivre,
quoiqu'à un bien moindre degré,
même sur les chemins peu fréquentés,
par conséquent sur ceux des communes, et qu'elle l'est d'autant plus qu'ils
sont moins solides.

§. 21. — *Opportunité du travail.* —
Les travaux qu'exigent les routes sont
de diverses sortes, et trouvent dans le
temps, suivant sa nature, un auxiliaire
ou un ennemi; en sorte qu'il peut y
avoir, pour leur bonté comme pour leur

économie, un avantage plus ou moins marqué à choisir tel jour, même tel instant, plutôt que tel autre, pour faire celui-ci de préférence à celui-là.

L'opportunité joue un rôle important même dans les petites choses ; pour le praticien de route exercé, elle a une valeur très-grande.

§. 22. — *Travail faisant fonction de volant.* — On peut faire qu'il y ait constamment sur les routes une espèce de travail utile, opportun, qui donne à une main-d'œuvre permanente le moyen de tirer toujours de son temps le parti le plus fructueux possible, le moyen non seulement de ne jamais laisser chômer ses bras, mais de les employer de la manière à la fois la plus économique et la plus convenable ; une espèce de travail enfin qui y remplisse, sous bien des rapports, la fonction du volant dans les machines.

§. 23. — *Sols naturellement pierreux.* — Sur certains points, et plus particulièrement dans les pays montueux, le terrain naturel est lui-même assez pierreux pour qu'il ne soit pas nécessaire d'y répandre la couche dont il a été parlé plus haut, et qu'il suffise de réparer, d'entretenir au fur et à mesure desbesoins. Sur d'autres il a été répandu, antérieurement à l'installation des cantonniers, des quantités plus ou moins fortes de matériaux qui les mettent ou à peu près dans le même cas.

§. 24. — *Diversité des sols.* — Il est des sols qui, sans contenir de pierres, ou du moins sans en avoir que très-peu, sont presque capables de supporter assez bien par eux-mêmes la fatigue de beaucoup de chemins vicinaux. Il en est d'autres qui, quoique inférieurs, sont cependant bien moins exigeants en pierres que certains.

§. 25. — *Influence de la nature des détritus.* — La résistance et la durée des chaussées ne tiennent pas seulement à la bonté des parties pierreuses dont elles sont formées, mais encore à celle des détritus qu'ils fournissent. De plus, quand ces détritus sont de bonne qualité, comme ceux d'un grand nombre de pierres calcaires, ils améliorent à un haut degré les accotements, en prolongeant sensiblement la durée de leur viabilité, et en rendant leur parcours plus satisfaisant.

§. 26. — *Résistance des accotements.* —Aux époques qui ne sont ni sèches ni humides, comme il y en a souvent au printemps, et bien des fois dans le reste de l'année, de simples accotements en terre ordinaire, et surtout en détritus, sont susceptibles d'acquérir par le tassement, la compression, celle des roues surtout, une force telle qu'ils pourraient résister, même long-temps, au passage des plus lourdes voitures, si la faible proportion d'eau qu'ils contiennent restait ou à peu près la même. C'est surtout à ces époques, et particulièrement à celles du commencement de l'automne, qu'il convient de répandre la couche dont nous avons parlé.

§. 27. — *Effet des pluies d'automne sur les chaussées.* — Quand arrivent les pluies d'automne, les portions de chemins plus ou moins fatiguées rendent, expulsent, sous la pression des voitures, des quantités plus ou moins considérables, et parfois des amas, de détritus, qui ne sont autres que ceux produits par la circulation dans l'intérieur des chaussées pendant la belle saison. C'est l'époque de l'année où, par ce motif et par plusieurs autres, il importe le plus de tenir à l'ébouage.

§. 28. — *Epoques de dureté du sol.* — Pendant les temps secs d'été et d'hiver il y a des moments où le sol des routes est si dur, qu'un ouvrier emploie beaucoup plus de temps, 5 et 6 fois plus à le travailler qu'à d'autres. Il est donc essentiel alors d'utiliser d'une autre manière les bras des ouvriers.

§. 29. — *Diminution de l'épaisseur des emplois par l'enchevêtrement.* — Lorsqu'on répand une couche de pierre sur une route, le travail du roulage qui l'y incorpore, ou qui en fait une chaussée quand il n'y en avait pas, en diminue sensiblement l'épaisseur, surtout quand cette couche est mince. L'ouvrier qui ne sait pas bien prévoir ou apprécier la proportion de cette diminution, exécute mal ses emplois. On ne saurait croire combien de routes ou portions de routes sont cahotantes par suite de ce manque de prévoyance ou de coup-d'œil.

§. 30. — *Épaisseur de l'usure annuelle.* — Une fréquentation d'une trentaine de colliers par 24 heures n'use annuellement par kilomètre qu'une quinzaine de mètres cubes de pierres, qui, distribués sur une chaussée de 3 à 4 mètres de largeur, représentent, en chaussée enchevêtrée, une épaisseur d'un peu moins de trois millimètres.

Cette usure, supposée toute en boue ferme, équivaudrait sur la même largeur à une couche d'un peu plus de trois millimètres, et en poussière à une de cinq millimètres. (Voir notre Essai de Traité sur l'entretien des routes.)

Il résulte de la faiblesse de ces dimensions que, sur les chemins vicinaux, l'ébouage et l'époudrage doivent en général se réduire à peu de chose, et qu'à moins d'être riche il convient de ne les y exécuter que rarement. Il n'en coûte guère plus en effet pour racler une épaisseur moyenne d'un centimètre que pour en racler une de quelques millimètres ; il y a donc avantage à ne faire le travail qu'une fois au lieu de deux, et puis on a la chance que le vent ou la pluie fasse la besogne. On attend pour procéder aux emplois que les dépressions aient plusieurs centimètres de hauteur ; sans laisser autant de temps s'écouler pour la boue et la poussière, au moins est-il à propos de ne pas trop se presser. Ce serait le fait d'un amour-propre coûteux et mal placé que de ne pas vouloir tolérer la plus légère couche de ces détritus.

Il faut pourtant à ce sujet avoir égard à ce qui sera dit en parlant des grands dégels.

§. 31. — *Longueur de chemin qui peut être confiée à un cantonnier.* — Un seul cantonnier, s'il est passable, peut suffire généralement à mettre en bon état une dizaine de kilomètres et plus de chemins vicinaux, pourvu que les terrassements à y exécuter ne soient pas trop considérables, et qu'on lui fournisse toute cassée et à pied d'œuvre la pierre qui lui est nécessaire, ainsi que quelques journées d'aide en temps convenable. Cette mise en bon état obtenue, il peut entretenir aisément la même longueur, en cassant toute la pierre.

2.me SECTION.

DES PRINCIPES.

§. 32. — Les principes généraux et particuliers les plus importants qui découlent de ces considérations et de ces faits nous semblent pouvoir se réduire aux suivants :

PRINCIPES GÉNÉRAUX.

1.º On ne doit généralement viser à obtenir sur l'ensemble des chemins vicinaux qu'une viabilité constamment exempte de trous, d'ornières, de fortes inégalités et d'épaisses couches de boue et de poussière.

2.º Il convient d'y régler l'épaisseur et les soins à donner aux chaussées, ainsi que l'ordre d'exécution des travaux, sur la manière dont ils se comportent sous leur circulation.

3.º La mesure la plus importante dont ils puissent être l'objet, quel que soit du reste leur état, consiste dans l'établissement d'une main-d'œuvre permanente, aidée d'autant de fournitures que le permettent les moyens dont on dispose ; autrement dit, dans le recours à l'institution des cantonniers.

4.º Il est d'un haut intérêt d'instruire le mieux possible cette main-d'œuvre des principes fondamentaux, des faits et des préceptes les plus importants, afin de la mettre en état de tirer des circonstances et des conditions dans lesquelles elle se trouve le parti le plus avantageux.

5.º On doit faire en sorte qu'elle ait constamment de la pierre à casser, afin d'utiliser les temps perdus ou peu propices à d'autres travaux.

6.º La mauvaise saison étant l'époque la plus dangereuse pour les routes, et une de celles pendant lesquelles il s'y fait le plus de transports, c'est surtout pendant sa durée, et peu avant, que cette main-d'œuvre doit y être affectée. Si donc l'insuffisance des ressources ne permettait de l'avoir que pendant une faible portion de l'année, c'est celle-là qu'il faudrait choisir.

PRINCIPES PARTICULIERS,
OU PRÉCEPTES.

§. 33. — 1.º Ce à quoi tout cantonnier doit principalement s'attacher, c'est à empêcher d'abord les mauvais pas, ensuite les ornières, enfin toute déformation ou inégalité susceptible de causer à la circulation une fatigue notable.

2.º Il doit s'appliquer ensuite à distribuer les emplois de façon à les faire enchevêtrer promptement, tout en gênant le moins possible cette circulation.

3.º Le choix des principaux outils dont il doit faire usage, est un objet essentiel (voir le Manuel du Cantonnier de grandes routes).

4.º C'est aux parties habitées, toutes choses égales d'ailleurs, qu'il doit donner le plus de soins. Il convient même qu'il y fasse des choses qu'il ne fait pas ailleurs.

5.º Il doit songer à l'avance aux époques de foires, de fêtes, de certains travaux des champs ou exploitations, pour porter à temps ses forces sur les points que ces circonstances peuvent menacer.

6.º Quand de fortes gelées ont lieu dans des moments où il y a beaucoup d'humidité dans les chaussées, et même seulement dans le sol, il faut, le plus long-temps possible avant le dégel, tâcher de faciliter l'évaporation (1) sur tous les points que l'on sait susceptibles de se défoncer à son arrivée ; puis, quand il est venu, les visiter et y faire ce que les circonstances exigent.

7.º Lors des orages ou des pluies abondantes, chaque cantonnier doit, s'il a des parties exposées à des dégradations notables, s'y transporter.

8.º Quand viennent les pluies d'automne, il doit se tenir sur ses gardes pour ne pas se laisser gagner par les boues, dans les endroits où la fréquentation est plus ou moins considérable.

9.º Presque tous les temps secs de la belle saison doivent être consacrés au cassage.

10.º Lors de tout dégel arrivant quand la neige est abondante, il importe

(1) La glace s'évapore très-bien.

de veiller à ce que l'écoulement des eaux provenant en grande partie de sa fonte fasse le moins de mal possible.

11.º Par la gelée un cantonnier doit, dans les parties en pente plus ou moins glissantes, aider, s'il en a le temps, les voituriers; par la neige, il doit, quand cela est nécessaire, ouvrir des sentiers, et racler dans les traverses cette neige, même sur des étendues plus ou moins grandes.

12.º Dès qu'une couche de boue ou de poussière a atteint un centimètre d'épaisseur, elle doit être enlevée, à moins qu'un travail plus urgent ou plus utile ne s'y oppose. Si l'on est assez riche, on peut prendre pour épaisseur-limite un demi-centimètre, et même moins.

II

DESCRIPTION

Des travaux qui sont ou peuvent être du ressort des Cantonniers.

----

§. 34. — Les travaux qui, sur les chemins vicinaux, sont ou peuvent être du ressort des cantonniers, nous paraissent devoir être classés comme il suit : 1.º les emplois de matériaux ; 2.º l'ébouage ; 3.º l'écoulement des eaux ; 4.º le curage des fossés ; 5.º l'époudrage ; 6.º les écrètements ; 7.º le cassage des matériaux (1) ; 8.º les soins aux époques des grands dégels ; 9.º enfin, un ensemble d'ouvrages accessoires, tels que le déblaiement des neiges, le

(1) Bien que le cassage soit de nécessité une opération antérieure aux emplois, et que dans l'ordre des dépenses il soit plus important, puisqu'il coûte plus cher, nous ne l'avons classé que bien après, parce que c'est d'eux qu'il tire son utilité. Il y a d'ailleurs une foule de localités où l'on fournit aux cantonniers les matériaux tout cassés.

picage de la glace, l'arrachage ou la coupe des plantes qui croissent sur les talus et gênent l'écoulement des eaux et des boues, etc., etc.

L'ordre d'importance de ces ouvrages ne nous paraît assez bien déterminé par la nature des choses que pour les trois ou quatre premiers. Pour les autres, il peut être beaucoup plus influencé par les circonstances. Néanmoins celui que nous venons de présenter nous paraît, toutes considérations balancées, devoir être le plus fréquent. Au surplus, il ne faut accorder à ce classement qu'un intérêt secondaire.

Nous les examinerons chacun sous quatre points de vue, savoir : les caractères principaux, le mode d'exécution, les outils qui y sont nécessaires, enfin l'époque qui y est la plus favorable. Et pour éviter toute confusion, nous les diviserons en autant de sections que nous venons de leur donner de titres, c'est-à-dire en neuf.

1.re SECTION.

EMPLOIS.

CARACTÈRES PRINCIPAUX.

§. 35. — *Mauvais pas.* — Ce que l'on se propose avant tout sur un chemm quelconque, c'est l'absence des mauvais pas. Or, ce but ne pouvant d'ordinaire être atteint qu'avec de la pierre, il est clair que l'opération qui a pour objet la mise en œuvre de cette pierre est celle qui doit passer la première. D'ailleurs les ornières qui sont, après les mauvais pas, ce qu'il y a de plus à redouter, la réclament fortement aussi, quoique moins vivement.

Bien qu'elle soit loin de demander sur les chemins vicinaux la même habileté que sur les grandes routes, ce serait une grande erreur de croire qu'elle y peut être bien et économiquement exécutée, si elle n'a pas pour guide l'expérience et quelques connaissances. Nous nous y arrêterons donc quelques instants.

L'économie de construction forçant de ne donner aux chemins vicinaux que des chaussées minces, tout mauvais pas y met le sol à découvert. La meilleure méthode de réparation doit donc dépendre en grande partie de la nature de ce sol. Aussi nous est-il arrivé maintes fois d'en voir employer une mauvaise, même sur de grandes routes, du reste assez bien traitées en général, et cela uniquement parce que l'on ne réfléchissait pas à cette considération pourtant bien simple.

Parfois ce sol est plus ou moins fan-
geux ou tourbeux, et si l'on se borne,
comme de coutume, à y répandre de
la pierre cassée, on ne fait que cacher
un instant la plaie, qui reparaît promptement, parce que cette pierre s'enfonce.
En pareil cas, il faut enlever une couche plus ou moins épaisse de cette
tourbe ou de cette fange, et poser à
plat où elle était, des pierres assez longues et assez larges, mais minces s'il se
peut. Plus le sol approche de la fluidité,
plus il est utile que cette longueur et
cette largeur soient fortes. La première
de ces dimensions doit être ordinairement placée d'équerre à l'axe du chemin. Entre la surface supérieure de ces
pierres et le dessus de la chaussée, il
doit exister un intervalle d'au moins
une douzaine de centimètres, que l'on
remplit avec les fournitures à sa dispo-
sition.

Dans d'autres circonstances, le mauvais pas est dû à une source ancienne ou
récente, qui même quelquefois n'existe
que momentanément, et par suite
d'une abondance de pluies inaccoutu-
mée. Dans ce cas qui, comme le précédent et le suivant, doit être reconnu
par un sondage, le procédé de larges
pierres échouerait souvent, et il est
généralement plus sage de faire au tra-

vers du chemin une pierrée ou un conduit couvert en pente qui dirige l'eau en dehors. Cet ouvrage doit avoir sa partie supérieure plus basse d'une douzaine de centimètres que le dessus du chemin.

Une partie de terrain sablonneuse donne lieu aussi quelquefois à un mauvais pas, par suite de la fluidité de tout sable peu terreux. Quand il en est ainsi, la pierre cassée peut souvent réussir toute seule, sauf à y revenir quelquefois. Ce moyen est ordinairement sensiblement préférable à celui des pierres plates.

Des emplois faits sur des remblais trop récents, et insuffisamment ou inégalement tassés, peuvent aussi donner lieu à de mauvais pas. En cette occurrence, il convient d'enlever la pierre pour damer le sol, et l'y replacer immédiatement après. Si cependant ils étaient trop mélangés et que cette pierre y fût peu abondante, il serait plus économique et préférable de damer le tout ensemble, et de le recouvrir ensuite d'une nouvelle couche de matériaux.

Le plus souvent, les mauvais pas sont dus, ou à ce que la mince couche de pierres est usée en grande partie, ou à un surcroît de fatigue inusité, ou au passage de quelques voitures beau-

coup plus lourdes, etc., etc. Le remède
alors est tout simple, il consiste en
emplois faits avec sagacité, et ordinairement en plusieurs fois.

§. 36. — *Ornières.* — Les ornières
sont rarement dûes à l'une des quatre
premières causes que nous venons de
passer en revue. Si elles l'étaient, il
en faudrait conclure que, lors des premiers emplois qui ont eu pour objet
la création de la chaussée, on a manqué de circonspection. Elles le sont habituellement, ou à la cinquième, ou,
ce qui est encore plus fréquent, à ce
que, par suite du temps et du peu de
largeur de ces chemins, le roulage
ayant suivi une direction fixe qui a équi-
valu à un notable accroissement de fatigue, il y a eu usure partielle.

Quoi qu'il en soit, il est à propos de
ne pas attendre pour les remplir qu'elles aient plus de quatre centimètres
de profondeur. L'ouvrage doit être exécuté de façon à ce que le cordon de
pierres répandu en ait un peu plus de
cinq, pour qu'après le tassement l'u-
sure se trouve réparée.

Il arrive plus ou moins fréquemment
que le passage des bêtes de trait crée à
la longue, et ordinairement dans le milieu du chemin, une dépression de quel-

ques décimètres de largeur, qui le plus souvent est fort longue, et qui, bien qu'elle soit peu gênante, a cependant besoin, quand elle est arrivée à un certain degré, d'être réparée, si l'on ne veut s'exposer à des défoncements. Il faut donc la garnir de pierres, mais de manière à ne pas fatiguer trop la circulation, ce à quoi l'on parvient en opérant comme il suit : on ne répand que sur une sixaine de mètres de longueur ; on en laisse libre à la suite une trentaine, puis on recommence, et ainsi de suite ; et plus tard, quand la prise ou l'enchevêtrement de ces emplois n'est plus une cause de fatigue, on reprend à chaque endroit où il avait été interrrompu, le même travail.

En parlant des ornières nous avons supposé tacitement qu'elles avaient peu de longueur. Mais, s'il en était autrement, il faudrait procéder d'une manière analogue, et avoir soin de faire marcher de pair, comme deux jumeaux, les cordons d'une sixaine de mètres de longueur chacun, de façon à ce que les deux roues d'un même train soient toujours ou à peu près de niveau. Dans le cas où l'on aurait des motifs pour chercher à forcer le roulage de quitter ces ornières, comme par exemple quand la continuité des temps humides peut y faire craindre des défoncements, il faudrait agir différemment, et ne faire le travail que dans une seule ornière. Cet expédient le décide à les quitter toutes deux, et l'on peut alors les remplir à son aise quand et comme on le juge à propos.

§. 37. — *Flaches*. — Les flaches demandent également à être comblées avec intelligence. Car il faut tout à la fois forcer la circulation à lier les matériaux et ne la fatiguer que le moins possible, et ne pas lui donner l'envie de se détourner pour les éviter. On ne saurait croire combien cette besogne, en apparence fort simple, est cependant exécutée souvent sans le moindre égard à cette double considération. Il serait trop long de décrire comment il faut opérer, mais celui qui se pénétrera bien du précepte, apprendra assez vite à s'y conformer passablement.

§. 38. — *Dépressions*. — Dans une foule de circonstances, il y a lieu à réparer çà et là des dépressions plus ou moins fortes, des affaissements de profils, des abaissements de chaussées, qui ne sont ni des défoncements ou trous, ni des ornières, ni des flaches. Ces défectuosités sont dûes quelquefois à des tassements de terrains ; mais ordinairement à l'inégalité de fatigue de la circulation. Sur quelques points elles sont uniformes, et dénotent alors une égalité d'usure. Cette égalité, bien qu'elle ne soit généralement qu'un fait peu habituel, se montrant tantôt dans un endroit, tantôt dans un autre, et sur des longueurs très-diverses, mais rarement considérables, n'en doit pas moins être citée. Elle n'a guère pris place jusqu'à ce jour dans les écrits qu'à l'état de manifestation théorique sur la possibilité d'obtenir des routes qui s'usent parallèlement à elles-mêmes (1). Mais ce n'est pas un motif pour la taire. Quelle que soit la cause des dépressions, c'est par le moyen de nappes ou répandages plus ou moins considérables que l'on doit procéder à leur réparation ; mais en cette circonstance encore il ne faut pas perdre de

(1) Mac-Adam est, si nous ne nous trompons, le premier qui en ait mis en avant l'idée. Mais il l'a fait à son début dans la carrière, alors qu'il était préoccupé par des vues spéculatives dont l'expérience a démontré l'erreur. On doit donc d'autant moins s'appuyer sur son dire, qui d'ailleurs ne paraît pas avoir été renouvelé par lui, que l'aspect de ses routes, ainsi que nous avons pu nous en assurer, ne le justifie en aucune façon.

vue la double considération exposée
dans le paragraphe précédent. Les ouvriers, même les plus intelligents et
les plus habiles, sont constamment
enclins à ne faire de ce travail qu'une
seule opération, même quand il doit
occuper de grandes surfaces. Ils ne
comprennent qu'avec peine, et de plus
ils oublient souvent que la pose de la
pierre n'est qu'une tâche préliminaire
qui a besoin, pour remplir sa desti-
nation, de l'enchevêtrement; ils comprennent encore moins, et oublient
aussi plus facilement, que pour que
cet enchevêtrement s'opère promptement, ce qui est une chose fort utile,
il faut faire en sorte que le plus possible de voitures foule, comprime chaque emploi. Or, l'observation enseigne
que, pour atteindre ce but, il convient
généralement de ne donner à aucun
d'eux plus d'une sixaine de mètres de
longueur, et d'en laisser vide entre
eux au moins une trentaine, sinon une
quarantaine ou une cinquantaine.

§. 39. *Parties non empierrées.* — Il y
a sur les chemins vicinaux une cinquième espèce d'emplois, c'est celle
qu'exigent leurs parties non empierrées. Elle a de l'analogie avec la
précédente, mais elle doit être faite

plus épais ; elle n'exige pas à beaucoup près autant de précautions à l'égard du roulage, par la raison toute simple que des chemins en terre étant en général d'un parcours plus ou moins difficile et pénible, on leur préfère encore, le plus souvent du moins, des empierrements non enchevêtrés, pourvu que ces empierrements soient exécutés en temps convenable.

Ce que nous dirons plus loin, en parlant de l'époque des emplois, rendra ceci plus évident.

Sans doute, il serait à désirer que dans chaque arrondissement de sous-préfecture on eût un rouleau banal, pour donner au moins une première préparation, soit au sol, soit à la couche répandue sur sa surface ; mais, bien que cela fût en définitive avantageux, comme il en résulterait un surcroît de déboursé, il n'est pas probable que de long-temps le peu d'aisance des communes leur permette d'y songer, d'autant mieux que la faible charge habituelle des voitures et le peu de longueur ordinaire de ces emplois n'y rendent pas bien rude la tâche de leur enchevêtrement.

MODE D'EXÉCUTION.

§. 40. — La théorie indique que, pour les flaches et les dépressions, ce

doit être une bonne chose, d'une part,
que d'en piquer la surface pour y mieux
relier la pièce, de l'autre que d'en piocher le contour pour que la pierre ne
puisse s'en écarter. Aussi cette méthode
a-t-elle été fortement préconisée, et la
voit-on employée en divers endroits,
par exemple en Angleterre, par Mac-
Adam et son école. Il est vrai qu'en
général les ingénieurs de ce royaume
la condamnent; mais, comme entre eux
et cette école il y a eu constamment
peu de sympathie, il serait peut-être
sage de ne pas prendre à la lettre ce
jugement, bien que les premiers soient
des hommes fort supérieurs en talent
aux seconds.

Nous ne contesterons pas la justesse
de la prévision théorique, mais nous
dirons qu'il résulte d'expérimentations
positives (voir notre Essai de Traité sur
l'entretien des routes) que presque toujours il est bien vu de ne pas la prendre pour guide, et voici pourquoi :

D'abord, l'observation a fait voir sur
une foule de routes où l'on n'a jamais
eu recours à ces procédés, que la viabilité peut être maintenue excellente sans
eux. Ensuite, les expérimentations auxquelles nous faisons allusion ont démontré que l'adhérence des pièces
formées sans picage ni décapage est de

beaucoup supérieure à celle nécessaire, et que la dépense de ces deux opérations, tant pour le temps employé que pour l'usure des outils et de la pierre, est sensiblement plus forte que la légère économie de matériaux qu'elles peuvent produire. Aussi, bien que nous ne soyions esclave d'aucune des opinions déjà émises par nous et d'aucune méthode, bien que nous ne nous attachions qu'à ce qu'il y a de mieux, l'eussions-nous vingt fois combattu, nous ne les avons adoptées sur aucun point de notre service (1).

§. 41. — On a également préconisé le pilonnage des emplois. A nos yeux c'est encore un surcroît de dépense inutile ou à peu près. Des corps durs, destinés à être unis par la compression, gagnent si peu à cette main-d'œuvre que nous ne saurions la conseiller, du moins en thèse générale, et surtout pour l'entretien.

Suivant nous, le mode d'exécution des emplois doit, sous ce point de vue, se réduire à ce que nous l'avons vu à

______

(1) Peut-être y a-t-il des cas où elles ne seraient pas à dédaigner (voir notre Manuel du Cantonnier des grandes routes) ; mais nous pensons que, sur les chemins vicinaux, ce serait gaspiller l'argent que d'y recourir.

peu près partout, au simple placement et arrangement intelligent de la pierre. Ils offrent, sous d'autres rapports, comme nous allons le faire comprendre, des difficultés assez sérieuses pour qu'il soit sage de ne pas les compliquer de nouvelles main-d'œuvre, d'un nouvel outil.

Les endroits à réparer n'ont, on le conçoit, aucune régularité. Et pourtant un emploi n'est réellement bien fait que quand, après l'enchevêtrement, sa surface a une forme unie en rapport avec la place qu'il occupe et avec le profil recteur. De cette seule réflexion déjà il résulte qu'il n'y a jamais d'emploi parfaitement exécuté. Quel est l'homme en effet dont le coup-d'œil serait assez sûr pour arriver même approximativement à ce résultat ? Si maintenant on fait attention que le dessus de chaque emploi n'est que provisoire, que c'est le tassement qui est chargé de le rendre définitif, et que ce tassement agit d'une manière irrégulière, puisque son degré dépend de l'épaisseur de la pierre, et que celle-ci est variable, on aura encore bien moins de confiance dans ce coup-d'œil. Si l'on ajoute que le dessus, le milieu, ou le fond des tas de matériaux, se conduisent généralement d'une manière différente, et doivent être en effet, souvent du moins, employés d'une manière différente par un cantonnier qui sait son métier, on n'en aura presque plus. Et pourtant ce n'est pas tout : presque jamais les flaches et les dépressions n'ont en réalité le pourtour net et précis que la plupart des personnes, les théoriciens surtout, leur supposent ; elles se terminent, elles s'éteignent généralement sur la plus grande partie de leur contour en pente plus ou moins douce ; en sorte que c'est la volonté, le libre arbitre de l'ouvrier qui décide des endroits où s'arrêtera la pièce. Cet ouvrier est-il expérimenté, intelligent, doué du coup-d'œil propre à son métier, tout occupé de ce qu'il fait, le pourtour de cette pièce sera d'une façon ; ne l'est-il pas, il le sera d'une autre, et souvent fort différente. Son épaisseur, sa surface, appelleraient des réflexions analogues.

Heureusement, on peut en cela, comme en beaucoup d'autres choses, s'écarter de ce qu'il y a de mieux sans que la viabilité en souffre beaucoup ; mais il ne faut pas croire que la latitude soit très-grande ; et bon nombre de portions de routes ne sont fort ondulées, et parfois très-fatigantes pour les voyageurs, que par suite de ce que l'on a mal apprécié ou mal mis à profit cet ensemble de considérations.

Quoique ce résultat ne soit fort apparent que sur les routes fatiguées, par suite de ce que ce n'est que là que les emplois sont rapprochés, nous avons cru devoir insister sur ces observations parce qu'elles nous semblent jeter beaucoup de jour sur cette partie du sujet.

Reconnaissons donc, sans nous y arrêter davantage et sans parler des autres préoccupations que doit avoir un cantonnier, que le travail des emplois, travail d'ailleurs souvent gêné par les pluies et compliqué parfois par celui de l'ébouage, demande déjà à lui seul, pour être passablement fait, assez d'expérience, d'aptitude et d'attention pour qu'il soit bien vu de ne pas ajouter encore, sans motifs parfaitement établis, à ces difficultés.

§. 42. — Disons en passant que les détails dans lesquels nous venons d'entrer expliquent très-bien un phénomène qui se produit souvent après les pluies ou quand les rayons, soit du soleil levant, soit du soleil couchant, rasent la surface du sol. Dans ces circonstances, la route même la plus unie se montre ce qu'elle est, une immense réunion de flaches et de dépressions. La peau d'orange la plus lisse n'apparaît pas plus rugueuse sous le microscope. Or,

3

ces détails font comprendre aisément qu'il serait impossible qu'il en fût autrement. Ajoutons qu'ils doivent faire comprendre aussi que, sous le rapport de la bonté de l'ouvrage, comme sous celui de son économie, comme sous celui du bien-être de la circulation, il doit y avoir une différence considérable entre un ouvrier spécial et un autre qui ne l'est pas ou qui l'est peu.

OUTILS.

§. 43. — Les outils nécessaires aux emplois sont : une brouette pour contenir la pierre, une pelle pour la charger, et une pioche pointue pour ouvrir les tas et séparer les fragments qui les composent. Sans ce dernier outil, il serait très-difficile, surtout quand ces tas sont quelque peu anciens, d'y introduire la pelle, qui d'ailleurs serait mise promptement hors de service. Quand les tas ont été fraîchement remués ou que les matériaux y offrent peu d'adhérence, on peut se servir de la houe, parfois même directement de la pelle.

Il y a des pays où, au lieu de brouettes, on se sert de petits paniers ou de caisses, au moyen desquels on ne traîne pas, mais on porte la pierre. Nous en avons vu employer, nous en avons même fait usage, et concurremment avec celles-là. Mais, bien que dans quelques cas ils nous aient paru préférables, ces cas sont trop rares pour que nous ne croyons pas devoir conseiller exclusivement la brouette.

Cette machine a d'ailleurs un genre d'utilité qui la rend presque indispensable, celui de servir à porter le fourniment du cantonnier, quand il se rend sur son chantier comme quand il le quitte, ou qu'il va d'un point à un autre.

ÉPOQUE D'EXÉCUTION LA PLUS FAVORABLE.

§. 44. — Chacun sait que la seule époque bien convenable pour les emplois est celle où les chemins ont une humidité plus ou moins prononcée. Mais il ne suffit pas de savoir cela, et d'ailleurs ce qu'il y a de plus convenable n'est pas toujours ce qui est possible.

Par suite de cette convenance d'humidité *plus ou moins prononcée*, c'est l'intervalle compris entre le milieu d'octobre et le premier mars qui doit être préféré, quand on en a le choix, comme généralement on l'a. Mais dans ce laps de quatre mois et demi, quels

moments sont les plus précieux ? Les
emplois d'automne ont l'avantage d'a-
voir parfaitement le temps de s'établir,
de se fixer solidement et de faire jouir
de leur maximum de bonté la saison
où précisément la circulation en a le
plus besoin. Mais un emploi ne doit
généralement être exécuté que quand
une des cinq circonstances énoncées
précédemment, défoncement, ornière,
flache, dépression, manque de chaussée, se présente. Or, cela peut avoir
lieu dans toutes les saisons ; et la
superficie des chaussées soumises depuis un temps plus ou moins ancien
à la méthode d'entretien partiel n'é-
tant que la réunion d'une multitude
de pièces fort diverses d'épaisseur, de
forme, de situation, de hauteur rela-
tive, il serait difficile que cela ne fût
pas. Un vague presque sans bornes
semble donc naître de cet état de choses. Mais des considérations d'un autre
ordre servent à le limiter. Et par exemple, en ce qui touche les chemins vicinaux, la connaissance du fait que l'u-
sure annuelle n'y est généralement que
de quelques millimètres, lève toute
difficulté. En effet, par suite de cette
circonstance, la portion de cette usure
afférente à la belle saison n'étant que
d'un à deux millimètres, on a peu à

redouter pendant sa durée des détériorations gênantes. Rien donc de plus facile et de mieux vu que d'y exécuter
en automne, quand rien d'ailleurs ne
s'y oppose, la plupart des répandages.
Les dépressions et les flaches, qui sont,
surtout quand les travaux sont bien con-
duits, les deux sortes de dégradations
qui constituent la plus forte consommation de l'entretien, se prêtent tout-à-fait
bien au choix de cette époque. Celles
qui alors ne seraient pas assez pronon-
cées pour demander à être réparées,
n'ayant en général à subir jusqu'à
l'automne suivant qu'une faible usure,
méritent peu d'attention.

On conçoit que les mêmes observations sont applicables aux parties de
ces chemins qui ont une fréquentation double et triple. D'ailleurs, on
verra dans le Manuel du Cantonnier de
grandes routes, qu'elles le sont aussi
en grande partie là où cette fréquentation est beaucoup plus considérable.

Si, ce qui arrive toujours de temps
en temps, bien qu'exceptionnellement,
une dégradation quelque peu gênante
pour la circulation se manifeste dans
une autre saison, et même au plus fort
de l'été, ce n'est pas un motif pour la
laisser subsister, et surtout s'agrandir.
Mais alors c'est le cas de se servir, au-

tant que faire se peut, pour la réparer, du fond des tas de pierre, ou tout au moins de l'y faire concourir en proportion plus ou moins forte. Ce fond contenant les détritus produits par le cassage et une partie de la poussière remuée par les vents, a la propriété de s'agréger plus facilement et plus promptement ; et cela surtout quand l'on peut, ainsi que parfois l'occasion s'en présente, recourir à l'arrosage ou profiter d'une pluie.

§. 45. — Une considération qui n'est point à négliger dans l'ordre d'exécution des emplois, a pour base cette observation que, sur presque tous les chemins, il y a des parties naturellement plus ou moins humides et d'autres plus ou moins sèches. Elle établit qu'il faut régler cet ordre sur la manière dont le temps se fait. Si l'automne est sec, c'est par les premières qu'on doit commencer ; s'il est humide, c'est par les secondes, à moins que l'on n'ait à craindre, ce qui cependant est rare sur les chemins amenés à un bon état et bien tenus, que les premières ne faiblissent déjà, ou ne menacent de faiblir. Sur celles-ci on trouve toujours beaucoup plus facilement l'occasion d'agir que sur celles-là. Souvent on peut y opérer dès le commencement d'octobre, et même plus tôt.

§. 46. — Les personnes peu expérimentées et celles qui se laissent fortement influencer par les idées théoriques, recommandent de ne jamais faire d'emploi dans la boue. Il y a là une grande exagération. D'abord, lorsque cette matière est liquide, il n'y a pas d'inconvénient, surtout quand on se sert des dessus de tas, à les exécuter comme si elle n'existait pas. Ensuite, lorsqu'elle a quelque fermeté, mais que son épaisseur ne dépasse pas un demi-centimètre, souvent même un centimètre, ce n'est pas la peine de perdre du temps à l'enlever. Non pas que dans les endroits où l'on ne répand pas, ce chiffre d'épaisseur doive être un motif suffisant pour la faire tolérer, mais parce que là où l'on répand, il n'a presque jamais d'inconvénients, et a souvent des avantages, surtout vers la fin de la saison des emplois.

Nous dirons, en traitant de l'ébouage, les cas où elle doit être tolérée, là où l'on ne fait pas d'emploi.

§. 47. — Lors des dégels dangereux, et rares heureusement, dont nous avons parlé, il arrive souvent, même presque toujours, que les cantonniers croient n'avoir rien de mieux à faire que de répandre. Il est rare que ce ne soit pas une faute. A ces époques, les chaussées, soulevées et désunies, peuvent ne pas pécher, ou du moins ne le faire que sur un petit nombre de points, par insuffisance de matériaux; mais elles pécheraient par là que ce ne serait pas le moment d'y remédier. Les parties solides de toutes grosseurs, mêlées avec les détritus de toutes finesses qui abondent plus ou moins dans ces constructions, demandent alors avant tout, et fréquemment même ne demandent que cela, une nouvelle compression. L'effet de cette opération est de rendre à ce mélange l'agglomération, l'enchevêtrement qu'il avait perdu, de caser à une place chaque matière, chaque partie de matière, de l'y fixer, et là où les détritus sont en excès, de les faire surnager bien plus aisément encore qu'aux pluies d'automne. Tenter dans ce cas de remédier au mal par des répandages, c'est presque constamment l'augmenter. Et pourtant on ne saurait croire combien cette manière d'agir est fréquente. Le bouleversement produit par ces dégels, véritable plaie des voies de terre, peut être prévenu, et nous dirons bientôt comment; mais il ne peut être guéri que par un nouvel enchevêtrement général. C'est ce qui le rend si pénible, si redoutable, bien qu'il ne se manifeste pas tous les ans, qu'il dure peu, et que même il ait un bon côté, celui de fournir l'occasion et le moyen de débarrasser les portions de chaussées qui ont un excès de détritus, d'une partie de cet excès.

§. 48. — Les alternatives de gel et de dégel, bien que souvent très-coûteuses, par la grande quantité de matériaux qu'elles font détruire, sont loin d'être aussi fatigantes, aussi dangereuses pour la circulation. Leur action beaucoup plus bornée ne s'étend habituellement qu'à l'épiderme et au derme, et encore partiellement; tandis que celle des grands dégels atteint aussi, et fortement, les parties subjacentes, l'écorce. Toutefois, il est sage, du moins en thèse générale, d'éviter aussi quand on le peut, et on le peut souvent, de faire des emplois pendant leur durée. Comme elles donnent lieu le plus souvent à des desquammations qui rendent la surface sale et inégale, il est plus difficile alors d'y procéder d'une manière convenable; et puis ce qui est encore plus fâcheux, les roues en prennent, en happent des portions pour les déposer à tort et à travers. Il est donc à propos, nous le répétons, de ne répandre, dans ces circonstances, que quand on ne peut l'éviter, dans des trous, dans des ornières.

Voilà ce qu'il y a de plus essentiel à dire, à nos yeux du moins, sur les emplois qui concernent les chemins vicinaux. Une bonne partie même n'est généralement applicable qu'à leurs portions plus ou moins fatiguées.

2.me SECTION.

ÉBOUAGE.

CARACTÈRES PRINCIPAUX.

§. 49. — Sur les routes où la circulation est plus ou moins active, l'ébouage est une des opérations capitales de l'entretien (voir notre Manuel du Cantonnier de grandes routes) ; mais sur les chemins vicinaux elle est loin d'avoir la même importance, car très-peu ont moyennement plus de cent colliers par 24 heures.

Autrefois elle était négligée sur toutes ces voies à un point dont aujourd'hui
on se fait difficilement une idée. Il en
résultait, sur celles du moins qui don-
naient lieu à une consommation un
peu forte, que, quoique souvent on
répandît à peine chaque année la quantité de matériaux usée, il se produisait
un exhaussement sensible, et sans que
la viabilité devînt pour cela meilleure,
ce qui se conçoit facilement.

Depuis quelques années, l'importance de cette main-d'œuvre a été si souvent proclamée et démontrée, qu'elle
est généralement sentie, que parfois
même elle a été exagérée, et de temps
à autre fortement; ce qui du reste ne
doit pas surprendre, car rarement on
passe d'un extrême au bien sans avoir
touché l'autre extrême.

L'usure annuelle n'étant, sur les
chemins vicinaux, que de quelques
millimètres de hauteur, dont une partie encore est emportée à l'état de
poussière par les vents, et une autre à
celui de bouillie claire par les pluies,
la quantité de boue à la charge des
ouvriers n'est elle-même par année
que d'une quantité moindre encore.
Sans doute le transport des fumiers,
celui des pommes de terre, raves et
autres racines, et surtout le passage,

accidentel il est vrai, des véhicules, des charrues, des animaux et des personnes qui viennent des champs aux époques où la terre s'attache plus ou moins à ce qui la foule, contribue à en accroître la proportion. Mais aussi, quand les chemins ont de la boue, gens, bêtes et harnais, en les quittant pour entrer dans ces champs, ne le font pas sans leur apporter un peu de cette boue. Nous pensons donc, après avoir observé de notre mieux ce qui se passe, que cette circonstance donne généralement à ces voies sensiblement moins de matière que les vents et les pluies ne leur en ôtent.

Malheureusement elles ne font presque partout que de naître, du moins en ce qui touche les soins, et particulièrement ceux de propreté, en sorte que celles-mêmes qui sous ce rapport sont hors de ligne, ont pour la plupart des parties plus ou moins longues qui demeurent plusieurs années sans être ébouées. Il est donc à craindre que, tant que les ressources des communes devront être surtout consacrées à la création d'un sol passablement ferme et solide, l'ébouage n'y laisse long-temps beaucoup à désirer. Heureusement il arrive de temps à autre des averses qui leur viennent en aide;

et, comme nous en avons été souvent témoin, leur rendent ce service de la manière à la fois la plus parfaite et la plus économique.

MODE D'EXÉCUTION.

§. 50. — En général, les boues liquides ou peu épaisses doivent être conduites jusqu'aux fossés ; autrement elles forment sur les accotements un gâchis des plus gênants, surtout pour les piétons. En outre, elles exhaussent ces accotements quand on les y laisse ; et, quand on ne les y laisse pas, on ne peut plus les en faire disparaître qu'au moyen d'une opération sensiblement plus coûteuse.

Les boues assez fermes pour être mises en tas doivent être réunies par petits monticules sur ces accotements ; pour en être enlevées en temps opportun, soit en les jetant sur les terres riveraines quand cela se peut, soit en les transportant ailleurs.

La circulation ayant un grand intérêt à ce qu'elles ne soient jamais sur les routes que liquides ou peu épaisses, il est évident que leur place, celle de la plus grande partie du moins, est dans les fossés. D'ailleurs, la pratique enseigne que leur entraînement à cet état, bien qu'elles renferment alors un peu plus d'eau, est sensiblement plus économique.

OUTILS NÉCESSAIRES.

§. 31. — Le râcloir, la houe, la brouette et la pelle sont à peu près les seuls outils qu'exige l'entraînement des boues (1). Cependant, sur les chemins vicinaux amenés à une grande bonté, et favorisés par une dotation assez riche pour que l'économie n'y soit pas de stricte nécessité, on devrait, dans les traverses des villages et même des hameaux, se servir de temps à autre du balai. C'est surtout à certaines époques, celles particulièrement de foires, de fêtes ou de maladies régnantes, auxquelles l'humidité est le plus contraire, qu'il conviendrait de le faire. Il est bon toutefois de remarquer qu'il

(1) Si les exigences du public demandaient que l'on enlevât jusqu'aux aspérités boueuses plus ou moins sèches et dures que parfois on observe sur les routes, et particulièrement sur les accotements, l'usage du râtissoire de jardinier deviendrait nécessaire.

ne s'agit ici que d'une exception plus
ou moins rare, et essentiellement re-
lative aux lieux habités.

L'utilité de l'application de la houe
à l'ébouage est ignorée dans une foule
de localités. Cela est fâcheux, parce
que, quand la boue est un peu trop ré-
sistante pour être enlevée facilement
avec le racloir, cet outil qui peut faire
fonction à la fois de ce dernier et de
pelle, donne le moyen d'expédier bien
plus promptement l'ouvrage.

Parfois un vent desséchant ou une
faible gelée ont rendu cette matière
assez ferme pour que, là surtout où elle
est disséminée en petite quantité, il
soit préférable de se servir de la pelle,
et de la jeter immédiatement hors du
chemin. Les voies vicinales sont rarement assez larges pour que la fatigue
causée par ce jet immédiat puisse y
mettre obstacle.

Lorsque le froid a été assez intense
pour solidifier fortement la boue, la
viabilité est très-cahotante et fort pénible. Mais alors la pioche seule don-
nerait le moyen de remédier au mal.
Or, c'est un travail par trop coûteux
pour que l'on puisse l'entreprendre.
Lorsque dans les villes mêmes où l'on
fait le plus de sacrifices pour cette
viabilité et pour la propreté, les pa-

vages présentent cet inconvénient, on se résigne à l'endurer. On voit parfois recommander de rechercher sur les routes des soins, des attentions qui ne sont pas même possibles dans les villes les mieux tenues; c'est presque toujours de l'exagération.

La brouette n'est guère utile pour l'enlèvement des boues que là-où les tas plus ou moins ressuyés, doivent être transportés, et non jetés. En général, c'est au moyen du jet à la pelle et à la houe que ces tas doivent disparaître.

ÉPOQUE LA PLUS FAVORABLE.

§. 52. — Ainsi qu'on l'a déjà dit plus haut, l'instant le plus favorable à l'entraînement de la boue est celui où elle est liquide, ou tout au moins très-coulante. C'est aussi celui que pour la circulation il est le plus utile de choisir. Mais il arrive souvent que cette matière s'épaissit plus ou moins, bien avant que l'on ait eu le temps d'en entraîner une partie plus ou moins considérable. Il faut donc alors, bon gré mal gré, continuer le travail, à moins pourtant qu'elle ne soit trop dure; car dans ce cas il n'y a qu'un

entretien princier qui doive se permettre de ne pas passer à un ouvrage
plus économique.

Une pluie qui donne beaucoup d'eau
n'est jamais une époque favorable d'é-
bouage sur les routes qui ne sont pas
creuses ou plates. Cette pluie est le
meilleur des éboueurs ; elle fait généralement très-peu de mal et beaucoup
de bien. Tant qu'elle dure, les cantonniers doivent, abrités sous leur paillasson, s'occuper à casser.

Une pluie fine au contraire l'est habituellement, surtout quand elle ne
donne qu'une petite quantité d'eau,
laquelle favorise la production et le
renouvellement de la boue.

Si, lorsque, dans la belle saison les
chaussées sont trop sèches, ce qui est
fréquent partout, et surtout dans le
midi, une pluie vient à créer un demi-
centimètre, même un centimètre de
boue, on doit rarement l'enlever, parce
qu'elle rend pour quelques jours à
l'épiderme et au derme ce qui leur fait
défaut, un peu d'humidité. Lorsqu'on
agit autrement, on crée à la circulation un petit avantage pour lui en
ôter un grand. C'est surtout quand on
a des crédits insuffisants qu'il importe
d'agir ainsi, attendu que la prescrip-
tion est doublement économique.

3 *

Il y a des parties de chemins sur lesquelles cette couche doit être respec-
tée, même quand les sécheresses sont
médiocres. Ce sont celles élevées, ventées, très-découvertes, rarement humides.

Pendant au moins trois mois de l'année (la saison des sécheresses), l'é-
bouage et l'époudrage sont des causes
notables d'augmentation d'usure. On
ne doit donc y procéder, au premier
particulièrement, qu'avec beaucoup de
mesure, et cela surtout sur les chemins
où il passe peu de voyageurs, quelle
qu'y soit l'abondance des transports
de marchandises. Presque jamais on
ne doit le faire avec le balai. (Voir la
note sur le balayage qui termine ce
manuel.)

Répétons-le du reste : en rase campagne, et à part leurs rares parties
quelque peu fatiguées, les chemins vicinaux réclament peu d'ébouages ; ils
en réclament d'autant moins, qu'ils
sont plus près de l'état normal (1) ; mais
dans leurs traverses il n'en est pas de

(1) Nous appelons *état normal* l'état qui
satisfait aux besoins principaux de chaque lo-
calité.

On ne doit pas perdre de vue que les voies
vicinales ne servent pas à la circulation générale.

même. Là ils en demandent plus ou moins souvent. Et si l'état des besoins y est avancé, et que l'on soit assez riche pour les leur prodiguer, même en faisant parfois usage du balai, c'est un des ouvrages les plus utiles que l'on y puisse exécuter.

3.me SECTION.

ÉCOULEMENT DES EAUX.

CARACTÈRES PRINCIPAUX.

§. 53. — Un chemin où il ne passerait personne, ne serait guère exposé à d'autre dégradation qu'à celles des eaux. Les dégels eux-mêmes y feraient souvent peu de mal. Moins donc la fréquentation est grande sur cette espèce de voie, et plus l'écoulement de ces eaux y constitue un des éléments importants de cette dégradation, particulièrement dans les parties plus ou moins en pente. Toute pluie abondante, mais surtout d'orage, est capable non seulement de décharner, de raviner l'épiderme, parfois même le derme,

mais d'entraîner des portions de chaussées, et plus souvent de talus, d'accotements, de fonds de fossés.

A ne considérer que la viabilité, ce
phénomène est cependant rarement de
nature, là du moins où l'entretien n'est
pas par trop mal tenu, à causer un
grand préjudice. La propriété qu'il a
d'être l'éboueur et l'époudreur le plus
parfait, beaucoup trop parfait même,
compense et bien au-delà la gêne qu'elle
en peut recevoir, le surcroît d'ondu-
lations dont les voitures lui sont rede-
vables. Mais, à considérer l'économie,
il n'en est pas tout-à-fait de même. Les
fossés et les talus, les accotements,
les travaux d'art, sont exposés à en recevoir des dommages plus ou moins sé-
rieux, et qui fréquemment sont du
ressort du principe du point à temps;
qui par conséquent demandent tout
d'abord que quelqu'un y fasse, chaque
fois, une reconnaissance. Sous ce rapport encore l'éraillement général de
l'épiderme est une chose fâcheuse.

Ce qu'il y a de mieux à faire contre
cet ennemi, c'est d'en prévoir les ac-
tes, d'examiner à l'avance et plus
soigneusement encore lorsqu'il se présente, quels endroits sont plus exposés
à ses atteintes, surtout à ses ravages,
et d'employer des moyens propres à en

atténuer, à en annuler, s'il se peut, les effets.

MODE D'EXÉCUTION.

§. 54. — Pour atteindre au but qui vient d'être indiqué, voici ce qu'il faut faire. Là où la pente est plus ou moins prononcée, il faut exécuter, dans les fossés, des barrages et des fascinages, et mettre au bas des premiers un lit de pierres pour en amortir le choc, et l'empêcher de produire des affouillements : sur la voie même, quand elle a le bombement qu'il est sage de lui donner (environ trois ou quatre centimètres pour mètre), il n'y a rien à faire ; l'eau, par suite de ce bombement, n'y peut séjourner que très-rarement et sur de courtes longueurs ; mais quand elle ne l'a pas, qu'elle est plate, et à plus forte raison creuse, il faut y faire des écharpes, et, pour peu que l'inclinaison soit forte, les multiplier assez pour qu'il y ait possibilité de leur donner de la douceur (1). Là où il n'y a que peu ou point de pente, la

____

(1) La grande douceur des écharpes est bien moins nécessaire sur les chemins vicinaux que sur beaucoup de routes, par la raison que les voitures à grandes vitesses y sont très-rares.

seule précaution à prendre consiste à faire que les fossés ou les rigoles qui en tiennent lieu, soient assez bien nettoyés pour que rien n'y nuise à l'écoulement.

En tout état de cause, il est d'une bonne pratique de chercher à tirer parti de ses ennemis, à les faire agir pour soi. Or, il arrive souvent, et dans notre longue pratique nous en avons maintes fois profité, que dans des parties de routes en déblais, là particulièrement où le terrain est pierreux, on peut employer cet écoulement à creuser peu à peu les fossés.

Quand on n'a pas pu prévenir le mal, il faut le réparer. Les emplois de matériaux, les terrassements, les fascinages et clayonnages, qui, dans cette circonstance, constituent la tâche du cantonnier, ne peuvent être ici l'objet d'explications. Dans un simple Manuel on ne saurait tout dire.

OUTILS NÉCESSAIRES. — ÉPOQUE LA PLUS FAVORABLE.

§. 55. — Ces deux objets ne se prêtent pas à des enseignements assez importants pour qu'il convienne de s'y arrêter.

4.me SECTION.

CURAGE DES FOSSÉS.

CARACTÈRES PRINCIPAUX.

§. 56. — Lorsqu'une fois les fossés ont été ouverts sur un chemin vicinal, on peut ordinairement laisser passer 4, 5, 6 ans, et souvent plus, sans les curer, sans y toucher autrement que pour les débarrasser de certaines plantes, telles entre autres que les chardons et les ronces ; et encore cet ouvrage est-il rarement pressé, à part sur les parties fatiguées et dans les traverses. Lorsqu'ils ne l'ont pas été c'est un des ouvrages les plus urgents qu'il y ait à y faire. Mais, afin d'avancer la besogne, et d'économiser les ressources, il ne faut pas leur donner de suite, et surtout dans les pentes, la profondeur et la largeur qu'ils doivent avoir (1). Souvent

(1) Nous voyons presque constamment commettre cette faute, même sur des communes que leur pauvreté devrait rendre plus clairvoyantes.

même, et spécialement dans les pays montueux, une simple rigole peut suffire pendant plusieurs années.

MODE D'EXÉCUTION. — OUTILS NÉCESSAIRES. — ÉPOQUE LA PLUS FAVORABLE.

§. 57. — Le curage, de même que l'ouverture définitive des fossés, devrait toujours être exécuté avec un patron. Mais, tant que la bonté de la viabilité n'est pas assurée sur tous ou presque tous les chemins importants d'une commune, et l'on ne doit pas oublier que c'est là un point essentiel, il est sage de s'en dispenser, attendu que cela demande plus de temps. Le cordeau, aidé du coup-d'œil doit suffire pendant tout le temps qu'il est nécessaire pour atteindre ce but.

La pioche, la houe et la bêche, sont les outils propres à ce travail.

L'époque qui y est la plus favorable est ordinairement le printemps; d'abord, parce qu'alors tous les répandages sont achevés, et que les chaussées ne réclament que de loin en loin le temps des ouvriers; ensuite, parce que la terre à piocher ou à bêcher est facile à entamer. Sur les points humides on peut souvent remettre à l'été,

sauf, s'il y a lieu, à se faire aider par
le séjour des eaux de pluies, retenues,
s'il est nécessaire, par de petits barrages. Lorsque, quelque part, la pré-
sence des récoltes est un obstacle pour
se débarrasser des produits du curage,
le commencement de l'automne peut
être préférable. Le point essentiel,
c'est de ne pas laisser, comme on le fait
habituellement, à l'ignorance, à l'incu-
rie, à l'indifférence, le soin de déter-
miner ce qui doit être fait à cet égard.

5.me SECTION.

ÉPOUDRAGE.

CARACTÈRES PRINCIPAUX.

§. 58. — L'époudrage doit être borné
à fort peu de chose sur l'immense majorité des chemins vicinaux. La raison
en est, comme on l'a vu à l'article de
l'ébouage, que l'usure y est très-faible,
et que la plus grande partie des détritus étant formée pendant les temps
humides, et entraînée à l'état de bouillie claire par les pluies, et surtout par
les averses, quand elle ne l'est pas à

celui de boue par les ouvriers, ce qui en reste à l'état de poussière, après avoir prélevé la part forcée des vents, est extrêmement faible. Aussi conseillons-nous, partout où leur fatigue ne dépasse pas sensiblement celle ordinaire, de n'époudrer en rase campagne que très-rarement, et de laisser cette tâche aux vents et aux averses. Le très-léger inconvénient qui en résulte pour les voyageurs est compensé bien au-delà par l'économie produite (1).

Il ne faut pas oublier cependant que c'est toujours en thèse générale que nous parlons, et que, comme il y a peu de communes qui n'aient, même à part leurs traverses, quelque chemin ou fragment de chemin, fût-ce un dixième ou un vingtième, qui ne soit beaucoup plus fréquenté que la moyenne, il conviendra de faire pour eux une exception.

Il y a encore un motif pour être réservé en fait d'époudrage. C'est qu'à

____

(1) Il y a des personnes qui pensent que les champs peuvent fournir assez abondamment de matières poudreuses aux routes; nous en avons vu en effet des exemples, surtout dans le midi. Mais, à nos yeux, c'est une faible exception. Le temps où il y a de la poussière sur les chemins est ordinairement celui où les récoltes sont sur pied; or, cette circonstance prête peu à l'effet présumé.

l'époque où l'occasion de s'y livrer se
présente le plus souvent, les chaussées
ne sont déjà que trop fortement privées
de la dose d'humidité nécessaire à leur
résistance, et que si on leur enlève la
légère couche de détritus qui les protège
un peu contre l'action desséchante du
soleil et d'un air brûlant, on y rend
l'usure sensiblement plus prompte et
plus facile. Nous en avons observé
maints exemples, particulièrement sur
des points élevés, qui, exposés à tous
les vents, n'ont presque jamais de poussière.

Deux occasions toutefois se présentent où il peut être d'une grande utilité
d'époudrer avec soin; nous en avons
déjà parlé, rappelons-les ; supposons
qu'une forte gelée soit survenue à un
moment où tels et tels chemins étaient
pénétrés intérieurement d'humidité. La
circulation y produira au bout d'un
certain temps de la poussière. Admet-
tons qu'on la laisse, et qu'un dégel de
quelques jours, accompagné de pluies
fines ou d'épais brouillards, survienne,
puis qu'avant que le sol ait eu le temps
de se ressuyer une autre forte gelée
arrive. On est presque sûr alors
d'éprouver au nouveau dégel un de
ces défoncements de chaussées si fâcheux, sur lesquels nous avons déjà

appelé l'attention. Or si, au lieu de laisser la poussière formée après la première gelée, on l'eût enlevée, et surtout au balai, une partie plus ou moins considérable de l'humidité se fût évaporée, et le mal eût été, sinon entièrement prévenu, au moins considérablement amoindri. Le raclage et surtout le balayage de la neige peut, dans les mêmes circonstances, être une mesure fort utile.

L'autre occasion, qui ne concerne que les portions de chaussées fatiguées, répond à l'époque où, à l'approche de la mauvaise saison, il est si essentiel de ne pas laisser accumuler les détritus.

Comme la première réclame assez d'attention, et une prévoyance qui, sur les chemins vicinaux, est dans les attributions de peu de monde, nous ne présumons pas qu'elle y puisse être souvent mise à profit. Mais la maladie à laquelle elle se rapporte est assez fâcheuse pour que nous ayons cru ne pas pouvoir la passer sous silence.

MODE D'EXÉCUTION. — OUTILS NÉCESSAIRES. — ÉPOQUE LA PLUS FAVORABLE.

§. 59. — Nous conseillons de n'exécuter généralement l'époudrage qu'avec

les racloirs ; avec celui en bois sur les
parties , malheureusement assez nombreuses dans les grandes chaleurs , où
les désagrégations sont faciles (1); avec
celui en fer sur celles qui ont peu à les
redouter. Ordinairement, quand la proportion d'humidité contenue dans l'épiderme et le derme est suffisante , ce
que reconnaît un œil exercé , aidé de
quelques renseignements et connaissances accessoires , il est préférable de
se servir des racloirs en fer , par la raison qu'ils font mieux et plus vite la
besogne , et que dans cette circonstance
ils ont peu d'inconvénients.

L'emploi du balai , quelque doux
qu'il soit, ne nous paraît convenable ,
nous l'avons déjà dit, que dans des cas
exceptionnels. Cet ustensile a , comme
nous l'avons démontré expérimentale-
ment dans notre Essai de Traité sur
l'entretien des routes , le grave inconvénient de détacher de l'épiderme d'assez fortes proportions de matières qui
protégeaient les sommités du derme ,
et d'être par suite une cause d'augmentation de dépense. Or , la pratique
ayant fait voir, dans nombre de loca-

______

(1) La plupart des chaussées siliceuses sont
dans ce cas. Et toutes sans exception y sont
quand elles ont reçu des emplois tardifs quelque peu abondants.

lités ; que l'on peut avoir des routes excellentes sans s'en servir, nous conseillons d'en restreindre l'usage aux cas et aux circonstances dont nous avons donné une idée.

— Il est essentiel de se rappeler sans cesse que ce n'est pas tout que de créer de bonnes routes ; qu'il faut encore le faire au meilleur compte possible ; et surtout ménager la bourse du pauvre. (Voir, à ce sujet, la note A qui termine ce Manuel.)

6.me SECTION.

ÉCRÊTEMENTS.

§. 60. — Sur les routes qui reçoivent assez de matériaux pour conserver leur bombement il est rare, quand elles sont fatiguées, que les accôtements ne s'exhaussent pas plus ou moins, par suite de ce qu'ils retiennent une partie des détritus qui y sont amenés tant par les pluies que par les ouvriers. Mais ce phénomène, qui sur ces voies mérite l'attention, puisqu'il y a souvent donné lieu, comme nous en avons cité de nombreux exemples, à des exhaussements de plusieurs décimètres, la mérite peu sur les chemins vicinaux. Cependant, comme il est de ces chemins qui, au moins sur certains points, sont aussi dans ce cas, nous avons cru utile d'en dire un mot, sauf à renvoyer pour plus de détails à notre Manuel du Cantonnier de grandes routes.

Il est bon de savoir qu'il peut se produire, parce que, comme il conduit à exhausser aussi les chaussées qu'il fait paraître creuses, ce qui donne lieu à un surcroît de dépenses, ordinairement inutile, on peut se tenir sur ses gardes et l'éviter. C'est ce à quoi l'on parvient au moyen des écrètements, opération qui consiste à abaisser à temps les accotements, et qui se fait ordinairement au printemps, avec la pioche, la houe et la pelle.

7.ᵐᵉ SECTION.

CASSAGE DES MATÉRIAUX.

CARACTÈRES PRINCIPAUX.

§. 61. — Les chemins vicinaux demandent généralement des matériaux plus fins, soit parce que leurs chaussées étant ordinairement minces, il importe plus de n'y pas laisser les dégradations s'approfondir, soit parce que leur roulage étant beaucoup moins lourd, des fragments un peu gros ont sensiblement plus de peine, surtout quand la pierre est dure, à se concasser assez bien pour donner lieu à l'uni de surface qui seul produit une douce viabilité.

C'est un préjugé généralement répandu dans les campagnes, et qui sera, du moins nous le craignons, long à déraciner, que, pour peu que la pierre soit petite, elle ne fait pas bon usage, elle ne peut résister; qu'il faut qu'elle ait des dimensions plus ou moins fortes (1). Mais des expérimentations positives, et maintes fois répétées, nous ont prouvé que des morceaux dont les plus gros n'ont pas même deux à trois centimètres de côté, fournissent des chaussées qui se conduisent parfaitement bien sous le roulage même le plus lourd et le plus actif. Ces expérimentations démontrent que ce qui fait la solidité des chaussées, c'est ce qui fait la

(1) Ce préjugé a long-temps existé aussi dans les ponts et chaussées; nous l'avons rencontré chez nombre d'ingénieurs, et surtout d'entrepreneurs. Nous n'avons pas trouvé un cantonnier qui ne l'eût.

solidité du faisceau, l'union. Pour elles aussi *l'union fait la force.*

Il arrive souvent, par suite de l'ignorance de ce fait ou de son appréciation inexacte, que l'on se prive, et cela encore au moyen d'une opération coûteuse, le passage à la claie ou au râteau, de matériaux d'une grosseur bien suffisante.

Mais le cassage fin a deux inconvénients. D'abord, il revient plus cher que le cassage gros ; ensuite, il donne lieu à une plus forte proportion de détritus qui, bien qu'utiles, n'en constituent pas moins un déchet sensible. Il y a donc là plusieurs questions délicates à traiter. Mais elles ne seraient pas ici à leur place ; il nous suffit d'avoir exposé ce qu'il y a de capital, et donné une idée de l'accessoire.

MODE D'EXÉCUTION. — OUTILS NÉCESSAIRES.

§. 62. — La main-d'œuvre du cassage forme à elle seule une des dépenses les plus fortes des routes ; elle en fait environ le sixième, et s'élève par conséquent, en France, sur l'ensemble de ces voies, à plus de dix millions. Il est donc bien important, sous le point de vue économique, de n'en pas laisser, ainsi que cela a eu lieu jusqu'à présent , l'exécution abandonnée au hasard , d'y porter de l'ordre, de la faire profiter de la science des faits.

Des expérimentations suivies et confirmées par une longue expérience , nous ont appris qu'il y a généralement un grand avantage , d'une part, à se servir pour l'exécuter, de manches longs , minces et flexibles (1), et de masses à une seule touche , du poids d'environ un kilogramme ; d'autre part, de la faire exécuter le plus possible par les cantonniers (voir notre Manuel du Cantonnier de grandes routes. Aussi conseillons-nous de recourir le plus possible à cette méthode.

ÉPOQUE LA PLUS FAVORABLE.

§. 63. — Ce travail peut s'exécuter en toute saison , sans faire perdre de temps. Aussi, dans un service bien organisé , fait-il la fonction du volant dans les machines. Même en hiver, où souvent il y a tant à faire sur les rou-

(1) La longueur de ces manches doit être d'environ 0^m 80 , et leur diamètre de vingt à vingt-quatre millimètres. Les bois qui fournissent les meilleurs sont le houx , le néflier, le châtaignier , le chêne vert , l'épine noire , le chêne ordinaire , etc.

tes, il empêche chaque cantonnier de perdre bien des journées et des portions de journées, surtout aux époques de gelées et d'alternatives de gel et de dégel. Mais c'est surtout pendant la belle saison, soit lors des sécheresses, soit par certaines pluies, qu'il donne le moyen d'utiliser la majeure partie de leur temps.

8.me SECTION.

SOINS AUX ÉPOQUES DES GRANDS DÉGELS.

§. 64. — Nous avons indiqué le moyen que nous croyons le plus propre à prévenir la production de ce dangereux phénomène. Mais, quand on ne peut l'employer, ou que l'on n'a pas réussi, nous ne voyons, pour y remédier, qu'un expédient; c'est l'emploi du rouleau. Le mal, avons-nous dit, consiste en ce que les chaussées sont désagrégées, désenchevêtrées. Il n'y a donc pas de milieu, le remède c'est la compression (1).

(1) Si quelques personnes, en lisant ce passage et ceux qui ont déjà eu trait au même phénomène, étaient portées à croire que c'est

A défaut de rouleau, il est bien vu, tout pénible que cela soit pour la circulation et même pour celle des voitures vides, d'en diriger aussi adroitement que possible la marche, de manière à lui faire parcourir la chaussée dans toute sa largeur. Quelques emplois peuvent être utiles dans ce but; mais, comme ils ne font qu'accroître la masse à enchevêtrer, on en doit être sobre. Les ébouements entraînant autant de pierres que de boue, il n'y faut alors recourir que le moins possible, et seu-

à la réglementation qu'il faut demander protection, nous les prierions de remarquer que, 1.º quand il se manifeste, les voitures vides elles-mêmes enfoncent jusqu'au solide, et que par conséquent l'expédient serait d'un faible secours; que d'ailleurs les voituriers sont bien forcés alors de charger peu, et au-dessous même de la tolérance; 2.º qu'une maladie, qui dans l'intervalle de plusieurs années ne prend que quelques jours ou quelques semaines, ne doit pas être combattue par un traitement qui s'applique à toutes les années, et dure tous les jours; que, si sur les canaux et les rivières on endure bien l'interruption de la navigation par les glaces et les sécheresses, on peut bien supporter sur les routes une simple gêne dans la circulation; 3.º enfin, qu'il est évidemment beaucoup plus simple, et surtout plus rationnel, de recourir aux moyens préventifs que nous avons conseillés.

lement quand le raffermissement commence à s'opérer.

Le pilonnage et le battage pourraient être employés en cette circonstance, vu qu'aux matières incompressibles s'en trouvent jointes de terreuses, de compressibles ; mais ils avanceraient très-peu la besogne et coûteraient fort cher. Pourtant il ne faudrait pas les rejeter absolument et dans tous les cas.

9.me SECTION.

DÉBLAIEMENT DES NEIGES. — PICAGE DES GLACES. — ARRACHAGE OU COUPE DE PLANTES NUISIBLES, etc.

§. 65. — Indépendamment des travaux que nous venons de passer en revue, le cantonnier en a un certain nombre d'une importance très-secondaire, dont plusieurs même ne se présentent pas partout ni tous les ans, ou ne prennent d'ordinaire qu'une très-faible partie de son temps. Le nombre s'en accroîtra évidemment au fur et à mesure que les communes, devenant plus aisées, pourront consacrer des sommes plus fortes à leurs chemins, s'occuper davantage d'y venir en aide à la circulation, y tenir de plus en plus à la propreté, au coup-d'œil, y songer même aux fontaines, aux ombrages, aux abris. Mais, dans l'état actuel des choses, ils sont malheureusement très-bornés.

La viabilité, et par suite l'enlèvement, la disparition de tout obstacle, de toute cause prononcée d'accidents, même de gêne, étant la tâche capitale du cantonnier, il doit, dans la limite de ses forces bien entendu, ôter la neige, piquer les endroits glissants, ou, quand il en a le moyen, ce qui n'est que trop rare, les saupoudrer de matières pulvérulentes partout où ils peuvent être l'objet d'une fatigue sérieuse.

Les parties plus ou moins abruptes, celles où la direction du chemin, sa place, ne sont pas bien faciles à distinguer, surtout la nuit, celles particulièrement où il y a des précipices, doivent attirer spécialement son attention.

L'arrachage ou la coupe, en saison et temps convenable, des plantes qui, sur les talus, et spécialement sur l'arête des accotements, rendent l'écoulement des eaux et l'entraînement des boues moins facile, qui d'ailleurs déparent les chemins et semblent dire à tout passant, *négligence*, est aussi un travail à ne pas oublier. Heureusement, car la pauvreté des communes les contraint presque toujours à le remettre à des temps meilleurs, il n'a ordinairement rien d'urgent. Celles toutefois qui sont mieux partagées, feront bien de lui accorder quelque chose ; il contribue d'une manière sensible au joli aspect des chemins.

III

MEMENTO

Des ouvrages à exécuter mois par mois.

----

§. 66. — Comme ce qui décide surtout des travaux à faire, c'est la saison, et plus particulièrement le temps,
il est évident que les indications que
nous allons donner ne sauraient être
considérées comme offrant un caractère
très-précis, d'autant mieux que le climat peut en modifier aussi plus ou
moins la convenance. Néanmoins, et
sans même nous appuyer sur l'exemple
des calendriers de cultivateurs, nous
avons cru utile de les donner, soit parce
qu'en général les choses sont mieux
comprises quand elles sont présentées
sous plusieurs aspects, soit parce que
l'ordre d'exécution, la liaison où elle

existe, le manque d'enchaînement où il a lieu, en deviennent plus aisés à apercevoir et à apprécier, soit parce qu'un rapprochement abrégé de ce que ces travaux ont de plus important en fait mieux juger l'ensemble, soit enfin parce que des objets ont pu avoir été omis, et que c'est un moyen d'y remédier.

Dans tout sujet peu connu, de simples nuances d'exposition peuvent suffire pour jeter beaucoup de jour.

§. 67. — *Janvier.* — C'est surtout durant ce mois, qui est ordinairement celui du froid et de la neige, que le cantonnier de chemins vicinaux doit, s'il y a lieu, tâcher de prévenir les suites de ce que nous avons appelé *les grands dégels.* Déblayer ces neiges où cela est nécessaire et où il le peut, y tracer au moins, si les circonstances l'exigent, des sentiers, piquer ou sabler les pentes glissantes ; c'est-à-dire se préoccuper des embarras et des peines des voyageurs ; achever de s'assurer que les fossés ou les rigoles qui en tiennent lieu sont en état de suffire aux fontes de neiges, aux dégels et aux pluies partout où il en peut résulter des inconvénients ; quand cela est fait ou n'a pas besoin de l'être, casser de la pierre où il sera prochainement besoin d'en répandre, ici un ou plusieurs tas entiers, là des demi ou des tiers de tas, voilà sa besogne la plus ordinaire. Si le temps a été autre que nous ne l'avons prévu, c'est à février, et surtout à décembre qu'il doit demander sa tâche.

Dans le cas où des emplois lui resteraient encore à faire, il faut, si le temps est propice, qu'il se hâte.

§. 68. — *Février.* — Bien que dans ce mois il y ait souvent des gelées fortes, parfois même de longues, les alternatives de gel et de dégel et les pluies y sont plus probables. Maintes fois alors le cantonnier n'a, jusqu'à 9 ou 10 heures du matin, de travail opportun que le cassage. De 10 à 2 ou à 3, le dégel lui donne l'occasion d'enlever des bourrelets et des bavures, de racler des rugosités que la gelée avait rendus plus ou moins fatigants pour la circulation. Quelques ébouages aussi sont possibles, mais il en doit être sobre, et les faire avec discernement, sous peine d'enlever une partie du derme. Quant aux emplois, s'il n'a ni trous ni ornières, il doit le plus souvent s'en abstenir. De 3 heures jusqu'à la nuit, la gelée est revenue, et il se remet au cassage.

S'il tombe de la pluie, et qu'elle soit très-forte, il s'abrite avec son paillasson , et casse par dessous , pendant qu'elle éboue pour lui , et souvent avec plus de sagacité. Si cette pluie est fine et contribue bien plus à faciliter la formation de la boue qu'à l'entraîner, il joue du racloir, et s'il a des trous ou des ornières, recourt de préférence à ses outils de répandage.

Tous les grands emplois, ou presque tous, ayant dû être faits en novembre et en décembre (surtout dans le midi), il doit peu lui en rester. Si le temps permet de les achever, il faut qu'il se presse d'en profiter.

Sur les chemins vicinaux peu fréquentés ou fortement dotés, tous ces travaux peuvent se réduire à fort peu de chose, l'ennemi y dort presque toujours, ou plutôt c'est un enfant. Il est vrai que le cantonnier doit y avoir un bien grand chantier (une dizaine de kilomètres), mais tout s'y passe si lentement que rarement le danger y existe.

Si cet ouvrier est intelligent et qu'il connaisse son canton, il sait les points où, suivant le temps qu'il fait, il doit se tenir, ceux où, suivant que la nuit a été telle ou telle, il doit se rendre à son lever, etc., etc.

§. 69. — *Mars.* — Les alternatives de gel et de dégel n'ont pas encore

disparu, mais leurs chances sont faibles. Les dictons populaires parlent de
hâles de mars, de giboulées de mars.

Les emplois faits à cette époque, et
à plus forte raison plus tard, ceux surtout en matériaux siliceux, courent
plus ou moins le risque de ne pas résister à l'été. Il est donc à désirer que
l'on n'ait plus à s'occuper alors que de
ceux de ces emplois que l'on peut ap-
peler *enfants perdus*. Si cependant il en
était autrement, il conviendrait, dans
ceux que l'on ferait, de laisser sur le
lit de pose un peu de boue, ou mieux
d'y procéder avec des milieux et des
fonds de tas.

Il faut, pendant ce mois, employer
les temps humides et demi-humides à
ébouer à outrance, l'humidité intérieure est assez forte pour que les hâles
soient peu à redouter. Il faut les employer aussi à unir les chaussées, en
décapant les protubérances, les bos-
ses et les élévations. Fait-il sec, on
peut, si du moins on a des localités
assez ressuyées pour cela, commencer
le nettoiement et le nivellement des
accotements ; mais on ne doit le faire
qu'autant que ces chaussées se prêtent
peu à l'opportunité des travaux qui les
concernent.

La chaussée étant la partie essen-

tielle de tous les chemins, et par ce
motif celle qui mérite le plus l'attention, il importe de savoir et de se rappeler que les cinq mois compris entre
novembre et mars sont les seuls durant lesquels elle se montre traitable.

§. 70. — *Avril.* — Dans tous les
mois, même durant les plus secs, on
peut avoir besoin d'enfants perdus, vu
que l'on ne doit jamais, du moins
quand on en a le moyen, laisser subsister de mauvais pas, et surtout des
trous. Pendant le mois d'avril donc on
peut encore avoir à faire des emplois,
mais de moins en moins.

Le plus d'ébouages et de décapages
possible, voilà ce qui est urgent. Aussi,
dans le cas où l'on en aurait beaucoup
à faire, serait-il sage de ne pas tenir
par trop à la considération économique de cesser d'y travailler dès qu'il
fait un peu sec.

Dans ce mois on peut s'occuper davantage de la toilette des accotements,
et commencer à se mettre au nettoiement de ceux des fossés qui ont perdu
une portion suffisante d'humidité.

Souvent une partie du travail opportun de ce mois doit avoir pour objet le cassage.

§. 71. — *Mai.* — La chaussée n'admet plus guère maintenant que des ébouages, et encore quand les pluies sont suffisantes. Mais les accotements, ayant la propriété de conserver bien plus long-temps l'humidité, continuent généralement à se prêter très-bien aux décapages et aux écrêtements. Les fossés sont à plus forte raison dans le même cas, pour la plupart des ouvrages qui les concernent.

Déjà, dans ce mois, on est dans le cas de consacrer bien des journées ou des portions de journées au cassage.

§. 72. — *Juin.* — L'époque est arrivée où ce n'est plus l'humidité qui est à craindre, mais la sécheresse. Aussi, doit-on se garder alors de dénuder, et surtout de décharner l'épiderme. Une couche de détritus d'un ou deux millimètres d'épaisseur, et à plus forte raison de moins, est peu nuisible à la viabilité, surtout sur les routes où il n'y a pas beaucoup de voyageurs; et elle est sensiblement utile à l'économie et au maintien de l'agrégation.

Le cassage est, à part quelques époudrages, et moins encore d'ébouages que précédemment, le seul ouvrage opportun de ce mois.

§. 73. — *Juillet et Août.* — Ce que nous venons de dire au sujet du mois précédent s'applique encore mieux à ces deux-ci.

Ajoutons toutefois pour tous trois, que, sur les chemins vicinaux qui ont encore des parties non empierrées, on peut souvent profiter de pluies accidentelles pour préparer, exécuter les terrassements convenables, là surtout où l'on doit faire des rechargements à l'automne. Cette possibilité est due à ce que la plupart des terres ont la propriété, même après avoir été plus ou moins long-temps et fortement battues, comprimées, de n'avoir pas besoin d'une humidité prolongée pour se prêter à être travaillées.

§. 74. — *Septembre.* — Bien que le cassage doive encore constituer l'ouvrage presque unique de ce mois, l'époudrage et, s'il y a lieu, l'ébouage commencent à réclamer une attention sérieuse par suite de ce que l'on touche à l'époque où la quantité plus ou moins considérable de détritus, formée dans l'intérieur des chaussées pendant les sécheresses, en va être expulsée par l'association des pluies et de la circulation, que par conséquent il est sage de se prémunir contre leur accumulation (1). On peut aussi, durant ce mois, se remettre, là où un peu d'humidité le permet, à l'achèvement du curage et du nettoiement des fossés, s'il en reste de pressés.

§. 75. — *Octobre.* — Dans ce mois les nuits commencent à être longues, le soleil peu desséchant, les brouillards à se montrer. C'est celui où il importe le plus de procéder, quand cela est possible, aux époudrages et aux ébouages. Il arrive souvent que les premiers n'y semblent pas nécessaires, parce que la poussière, se trouvant plus ou moins humide, est peu poudreuse et se laisse bien moins aisément soulever par les vents. Mais il n'en est pas moins sage de s'en débarrasser. Le mois d'octobre est le mois du balai partout où les chemins sont suffisamment dotés. C'est surtout dans les traverses qu'il est essentiel de s'en servir.

Nous ne saurions le répéter trop, il n'y a pas d'époque dans l'année où les époudrages et les ébouages soient plus convenables, même plus nécessaires.

(1) Quand, sur les routes fatiguées, on n'a pas prévu ce phénomène ou que l'on n'y a pas eu égard, on les voit, au moment des pluies, inondées de ces détritus; on dirait d'une mer.

C'est aussi une de celles où l'on peut tenir avec moins de rigueur à l'exécution de l'espèce d'ouvrage qui peut se faire le plus économiquement.

Déjà, dans ce mois, on peut souvent commencer à faire des emplois. Fussent-ils précoces pour le temps qu'il fait, il en résulte peu ou point d'inconvénients quand l'emplacement en est choisi avec sagacité.

§. 76. — *Novembre.* — Ebouer et répandre, voilà le travail de ce mois. Les grands ébouages doivent généralement toucher à leur fin avec la sienne, et beaucoup de répandages doivent être faits ; c'est une des époques où la pierre s'enchevêtre le mieux et le plus promptement, soit en raison de l'humidité, soit parce que les transports sont alors généralement plus nombreux et plus considérables (1). Convenablement em-

(1) La Saint-Martin et la Noël étant pour les habitants des campagnes des époques de payement, c'est pendant ce mois et le suivant qu'ils conduisent leurs denrées au marché pour faire de l'argent ; ils sont d'ailleurs alors plus libres, parce que les grands travaux du dehors sont achevés.

Ce mois est aussi un de ceux où les villes s'approvisionnent de beaucoup de choses, et où les campagnes vont leur faire des demandes pour l'hiver.

ployé, ce mois est le plus utile de l'année pour les réparations. Il est, ou peu s'en faut, pour elles ce que dans nombre de contrées le mois d'octobre est pour les semailles.

On ne doit pas craindre, pendant sa durée, de faire des emplois quand le temps est sec. Seulement, là où ils sont à propos, on ébouera avec moins de perfection ; et puis, on veillera à ce qu'ils ne soient pas assez nombreux, assez rapprochés surtout pour imposer à la circulation une grande fatigue.

§. 77. — *Décembre.* — Les gelées et les neiges vont trôner. Bien souvent cependant les premiers jours de ce mois sont encore favorables aux ébouages et aux répandages. Mais, à moins que l'humidité ne semble avoir un caractère de durée prononcé, ceux-ci doivent être ménagés, et cela surtout si ceux qui les ont précédés ne sont pas encore suffisamment enchevêtrés pour avoir cessé d'être tirants.

Les gelées rendent encore plus pénibles les répandages non agglomérés, et elles en font écraser en pure perte bien des matériaux.

Parfois elles forcent de consacrer au cassage une partie plus ou moins notable de ce mois. Cela est fâcheux, mais

vaut beaucoup mieux que de laisser
faire à grands frais peu d'ouvrage, et
souvent même de mauvais ouvrage.

IV

MAXIMES ET PRÉCEPTES

Qu'il est le plus utile d'avoir souvent présents
à l'esprit.

§. 78. — *Toute science, art ou métier qui doit le jour à un ensemble plus ou moins compliqué de phénomènes, ne peut sortir de l'enfance tant que l'observation et l'expérimentation ne sont pas venues éclairer la manière dont ces phénomènes se passent, agissent, se combinent, et peuvent être, avec connaissance de cause, combattus, aidés, modifiés dans leurs effets.*

C'est dans l'étude persévérante de la nature qu'il faut chercher les principes et les règles de tous les arts.

Une théorie est une souris; elle était passée par neuf trous, un dixième l'arrête.

Expérience passe science, mais expérience et science passent l'une et l'autre.

En tout, la spécialité est le bras droit de la vérité.

Pendant de longues années on s'est livré à de nombreuses discussions sur les routes; mais on y employait pour arme presque unique la spéculation; chacun faisait son siège de Rhodes. Les questions de roulage, il est vrai, ont conduit à diverses reprises à recourir à l'expérimentation; mais chaque fois que cela a eu lieu, on a attaqué le bœuf par les cornes, on a mis la charrue avant les bœufs; on a voulu deviner un nombre de plusieurs chiffres par la connaissance d'un seul. Aussi ces tentatives, bien qu'ordonnées, dirigées et conduites par les hommes les plus distingués, qu'ont-elles produit ?

Etudier, mais le tout ensemble, et isolément aussi, les routes sur les routes, le roulage au moyen du roulage, les intempéries à l'aide des intempéries; faire cela, non pas un jour, ni deux ni trois, de loin en loin, sur quelques points, mais tout le long de l'année et pendant des années, et sur de grandes longueurs de routes, tout en ayant recours en même-temps aux essais par-

tiels et de détail ; c'était, à nos yeux ,
nous l'avons dit et répété assez souvent,
le seul moyen d'arriver à la découverte
de la vérité. Et plus le procès s'instruit,
plus cela devient évident pour quiconque en a suivi les phases.

Le métier, l'art et la science se créent
peu à peu ; mais celui qui veut concourir à cette œuvre doit se livrer et avec
suite à l'ensemble d'essais qui seul peut
donner une idée juste des phénomènes.
Quiconque agira autrement peut être
sûr de se fourvoyer.

§. 79. — *En matière de routes et de
chemins, comme en bien d'autres matières, la sage administration des dépenses
repose sur la connaissance et la juste appréciation des phénomènes.*

Sur une foule de voies de terre l'état
arriéré de l'entretien vient témoigner
de la justesse de cette maxime. Citons-
en quelques exemples.

Il nous est arrivé dans nos excur-
sions de voir, dans la belle saison, balayer à force, et souvent encore sur de
grandes longueurs, bien qu'elles eussent
peu de poussière ou de boue, des routes qui étaient évidemment insuffisamment dotées ; il y en avait même qui
étaient plates ou creuses. Dans le premier cas, c'était de l'administration à

rebours, dans le second, de la démence. D'autres fois, et encore dans des cas d'insuffisance de crédit manifestes, tous les cantonniers travaillaient à des fossés, à des talus, dont tantôt l'état n'avait rien de pressé, tantôt le sol était trop dur, etc... Il est vrai que, comme on avait commis la faute de ne pas se réserver l'exécution du cassage, il fallait bien employer ces ouvriers à quelque chose.

Ne fait-on pas aussi emmêtrer constamment toute la pierre, tandis que l'on pourrait épargner au moins les neuf dixièmes de cette dépense ? Ce serait une économie annuelle de plusieurs centaines de mille francs. Répétons-le, bien souvent on fait de l'administration à rebours. Mais malheureusement c'est le lot de tout ce qui est arriéré. C'est donc aux choses et non aux personnes qu'il faut s'en prendre.

§. 80. — Les améliorations vraiment grandes sont celles qui atteignent plus ou moins immédiatement tout le monde, et surtout la masse du peuple. Dans l'état actuel des choses, une découverte qui ferait baisser de moitié ou même seulement d'un tiers le prix du pain, serait plus désirable, ferait plus de bien que l'exécution des trois quarts des chemins de fer.

Les petits ruisseaux font les grandes rivières.

Tout trésor n'est pas connu. Tout diamant ne brille pas.

Plus des deux tiers de la population habitant les campagnes, et le tiers restant ayant le plus grand intérêt à ce que la culture s'améliore, il est évident que la nation gagnerait considérablement à ce que les chemins vicinaux fussent mis en bon état, et amenés, ainsi que les routes, à une viabilité constamment excellente. Mais c'est là malheureusement une de ces améliorations dont la valeur, comme celle du diamant dans sa gangue, n'est suffisamment appréciée que par un petit nombre de personnes...

Que n'a pas fait pour le monde la découverte de la houille? et celle de la pomme-de-terre? Mais à toutes deux il a fallu bien du temps pour se faire connaître. Les voies de terre sont encore à y parvenir. On les vante, il est vrai, beaucoup; mais comme on vante la vertu, en faisant peu pour elles.

§. 81. — *Ennemi qui sans cesse attaque veut adversaire sans cesse présent.*

Travaux qu'à chaque instant le temps tantôt favorise, tantôt gêne et détériore, demandent ouvrier qui ne quitte pas.

Il n'est pour voir que l'œil du maître.

Il n'est meilleur ami ni parent que soi-même.

Dans ces maximes se trouve la raison d'être et toute la puissance de l'institution des cantonniers stationnaires. Après tout ce que nous avons dit dans ce petit écrit, les deux premières n'ont pas besoin d'explication. Quant aux deux autres, il nous suffira de faire observer que, quand on sait s'y prendre, on peut faire qu'un assez bon nombre de cantonniers s'attachent suffisamment à leur canton pour qu'elles leur deviennent applicables, non pas en entier, mais en partie ; ce qui est un grand point.

Toutefois, pour apprécier tout le prix de cette institution, il faut avoir, comme nous, avec ces simples ouvriers, aidés de fournitures convenables, et parfois de quelques auxiliaires, converti en routes excellentes des routes auparavant affreuses, souvent sans chaussées, et fréquemment pas même tracées. C'est ce qui dans notre pratique nous est arrivé bon nombre de fois.

§. 82. — *Un point à temps est de l'argent placé à vingt pour cent.*

Exécuter en temps opportun chaque chose, c'est se donner le moyen de faire mieux, plus vite et surtout plus économiquement.

Le principe du point à temps qui serait ou peu s'en faut sans valeur pour des chemins solides et peu fréquentés, en a au contraire une très-grande pour ceux qui sont faibles et soumis à une circulation plus ou moins active. Peu de communes étant assez riches pour s'en permettre de solides, il en résulte que sur la plupart de ces chemins il doit être pris en sérieuse considération à toutes les époques où les dégradations peuvent être promptes, et par conséquent surtout dans la mauvaise saison.

Pour faire mieux comprendre la seconde de ces maximes, citons un exemple : un cantonnier qui sait bien saisir l'occasion d'ébouer entraîne plus souvent les détritus à l'état de bouillie claire, n'éprouve pas autant la chance d'en laisser sur la chaussée ni sur les accotements, et rencontre de leur part bien moins de résistance. Il obtient donc les trois avantages désignés dans cette maxime. Il fait plus, il économise en outre à la circulation le surcroît de peine que lui eût causé de la boue plus épaisse.

§. 83. — Quand les ressources sont insuffisantes, on doit imiter les ménages prudents, et retrancher même sur ses besoins; le sont-elles encore plus, — il faut prendre sur son nécessaire.

L'indispensable d'abord, le nécessaire ensuite, le satisfaisant après, le superflu à nos petits-fils.

En fait de chemins vicinaux, ne visons aujourd'hui qu'à l'indispensable et au nécessaire. Laissons de côté le brillant, et surtout le clinquant.

Que dirait-on d'une commune peu aisée, et surtout pauvre, qui ferait balayer habituellement ses chemins, qui mettrait ses cantonniers en uniforme ? Orgueil et misère ? non ; il faudrait dire : *État arriéré, inspiration malheureuse.*

En fait de viabilité, l'*indispensable,* c'est l'absence de mauvais pas et de trous ; le *nécessaire,* c'est celle de fortes ornières et de couches épaisses de boue, même de poussière ; le *satisfaisant,* c'est une surface constamment assez unie pour que l'on puisse aisément se détourner, éviter qui l'on veut, n'avoir jamais de cahots, une surface suffisamment propre pour que la grande majorité des allants et des venants n'y éprouve presque aucune incommodité; le *superflu*, c'est la satisfaction du coup-d'œil, les agréments correspondants à chaque saison, comme par exemple, en été, les arrosages et l'ombrage; en hiver, les ébouages minutieux, l'enlèvement des neiges, le picage soigné des glaces, etc., etc.

§. 84.—*Grand nombre de travailleurs, chance à beaucoup d'ouvrage; habileté, chance à qualité; instruction, chance à perfection.*

On ne fait bien et économiquement que ce que l'on a fait souvent, long-temps, avec goût.

Pour exceller en un instrument de musique il faut y avoir fait bien des gammes.

Depuis une trentaine d'années que nous observons à l'œuvre les ouvriers de routes, une conviction est née, et s'est constamment fortifiée chez nous; c'est que chacun des travaux dont elles sont l'objet, et à bien plus forte raison leur ensemble, n'est bien, habilement et économiquement exécuté que par ceux qui s'en sont fait un métier, qui y sont devenus de véritables artisans; et que si pour quelques-uns de ces travaux on peut suppléer à la qualité par la quantité, ce n'est qu'accidentellement, et presque toujours encore en fin de compte avec désavantage.

§. 85. — *Les bons outils font la moitié de l'ouvrage.*

Dans les arts et les métiers tant soit peu avancés, les outils sont sans cesse l'objet de nouveaux perfectionnements. Dans ceux éminemment arriérés ils sont ce que le hasard les fait; personne ne s'en occupe.

Sur les routes et les chemins ils ne sont généralement pas ceux d'un métier; ils sont ceux que le pays où sont ces voies emploie dans sa culture. Leur état sur une foule de points, est, avec l'absence d'idiôme, un des symptômes les plus manifestes de l'enfance de l'art et du métier de l'entretien.

§. 86. — *Ce qui doit être surveillé par tout le monde ne l'est par personne.*

Surveillance faible; peu de besogne;

surveillance peu spéciale, médiocre ou mauvais ouvrage.

Une des choses qui fait et fera long-temps le plus faute sur les chemins vicinaux, c'est la surveillance, et l'on en va comprendre la raison. Leur longueur moyenne dans chaque commune est de près de 19 kilomètres (voir à la fin de cet écrit la note B); c'est donc le travail de deux cantonniers, ou une dépense annuelle d'environ 800 francs. Si l'on ajoutait pour cette surveillance 200ᶠ, il faudrait, pour que celui qui l'exercerait reçût douze cents francs, et ce serait peu, qu'il la répartît sur 6 communes, et par conséquent sur 114 kilomètres, ou près de 29 lieues. Or, c'est beaucoup trop pour qu'il y pût apporter quelque exactitude. Et cependant nous croyons que ce serait encore une fort bonne mesure. Sans doute on trouverait de la surveillance à un prix fort inférieur; on en trouve bien en Angleterre à moins de trois cents francs (voir les Annales des ponts et chaussées, numéros de mai et juin 1844); mais il ne faut pas s'y tromper, notre seconde maxime la rendrait sensiblement plus dispendieuse.

Quelques personnes avaient pensé que tous les habitants d'une commune ayant intérêt au bon état des chemins, l'exactitude des cantonniers rencontrerait dans chacun une garantie. Mais l'expérience n'a pas légitimé cette opinion. Et elle l'eût légitimée, que cela n'aurait pas suffi; la spécialité eût entièrement manqué à cette surveillance.

§. 87. — Toute commune, si misérable qu'elle soit, doit dans son propre intérêt réparer et empêcher sur ses chemins les trous et les mauvais pas. Et elle le peut, car il suffit pour cela de bien peu de chose.

Une commune pauvre doit, plus que toute autre, choisir pour cantonnier un ouvrier consciencieux.

Une commune en état de payer un cantonnier toute l'année, fait bien d'avoir déjà un peu de surveillance spéciale.

On ne saurait croire combien le plus souvent il faut peu de chose pour réparer et empêcher les trous et les mauvais pas. Pendant les cinq mois critiques de l'année, de novembre à mars, mois qui sont aussi ceux de morte-saison, ou, de préférence, pendant ceux d'octobre à février, serait-il donc bien difficile de trouver de quoi payer un cantonnier qui ne consacrerait à cette tâche que deux jours par semaine, vingt-deux jours par an, et à qui l'on fournirait suffisamment de pierres? Les communes qui ont le moins de ressources emploient annuellement jusqu'à 7 francs par kilomètre (voir la note B); elles disposent donc en général d'une valeur de plus de 100 francs, dont le tiers environ en argent. Ces vingt-deux jours d'un même individu qui se regarderait comme identifié en quelque sorte à ces voies, et qui, dans la saison dangereuse, ne passerait jamais un tiers de semaine moyennement sans y travailler, vaudraient mieux qu'un bien plus grand nombre employés ensemble et à un même instant par des gens peu soucieux ordinairement des résultats et des suites de leur travail.

La plupart des communes sont si gênées, qu'elles ne peuvent isolément songer à avoir un surveillant. Et puis, même les plus riches étant rarement dans le cas d'avoir besoin de plus de 3 ou 4 cantonniers, ce nombre serait encore insuffisant pour en légitimer un. Mais plusieurs réunies le peuvent aisément. Or, une surveillance plus ou moins spéciale étant d'une grande utilité, elles ne sauraient trop tôt le faire.

Là où la misère s'y oppose, il convient plus encore qu'ailleurs de choisir des cantonniers consciencieux.

§. 88. — *L'ordre dans lequel la circulation a droit aux soins d'un cantonnier établit en première ligne les lieux habités, puis ceux où la fréquentation est un peu forte, et enfin ceux où il passe peu de monde.*

Tant que l'absence des trous et des mauvais pas n'est pas assurée partout ou presque partout, un cantonnier ne doit donner nulle part son temps à des travaux de peu d'importance, et surtout de simple propreté.

La justesse de ces préceptes est par trop évidente pour avoir besoin de commentaires.

§. 89. — *Pendant l'hiver, c'est surtout du présent qu'on doit s'occuper; on n'a pas trop de ses deux yeux. D'un moment à l'autre la viabilité peut être en souffrance; il faut se multiplier, être partout.*

Pendant le printemps on doit avoir un œil sur le présent et un sur l'avenir. Partout où la fréquentation est suffisante pour donner lieu à une assez forte quantité de détritus, les ébouages et les époudrages sont d'autant plus importants que la viabilité durant la belle saison dépendra beaucoup de la manière dont ils auront été faits.

Pendant l'été, il faut veiller aux suites des orages, mais penser surtout à l'avenir. En général, rien de dangereux, rien d'urgent ne se manifeste alors. On peut travailler les yeux fermés.

La première moitié de l'automne doit être considérée comme la veille d'une bataille. Quand la seconde commence, c'est le boute-selle qui sonne. Les deux yeux doivent rester grands ouverts.

S'il ne s'agissait que de chemins vicinaux sans fatigue, il y aurait de l'exagération dans ce langage. Mais il y a tant de communes qui en ont des fragments fréquentés, qu'il faut bien leur adresser quelques mots. Cela d'ailleurs n'empêche pas de comprendre ce qui convient aux autres.

§. 90. — PLUIES FINES ET BROUILLARDS SANS DESQUAMMATIONS : *ébouage et répandage.* PLUIES FORTES : *cassage à l'abri.* BROUILLARDS AVEC DESQUAMMATIONS :

jet des tas de boue et enlèvement des inégalités ou dépôts qui, sur les accotements,
gênent l'écoulement naturel des eaux, et y
rendent la circulation moins douce.

GELÉE : *aide aux voyageurs, époudrage, cassage.*

SÉCHERESSE : *cassage.* TEMPS DOUX ET
SANS PLUIE : *tous les travaux de la saison.*

FIN.

NOTE A.

Du Balayage et de la Théorie du minimum de dépense correspondant au maximum de beauté.

Le balayage ayant, depuis quelques années, été considéré par un assez bon nombre de personnes comme devant jouer dans l'entretien un rôle considérable, on nous demandera sans doute pourquoi, dans ce Manuel, nous lui en avons accordé un si faible. On nous demandera sans doute aussi pourquoi nous n'y avons pas même soufflé mot d'une théorie qui en est issue, celle du minimum de dépense, correspondant au maximum de beauté. Nous pourrions répondre, au sujet du premier, que nous n'avons pu en dire que ce que nous en pensons ; au sujet de la seconde, que, si nous n'en avons pas parlé, c'est parce que nous la croyons erronée. Mais nous serons plus explicite.

En restreignant, comme nous l'avons fait, à un petit nombre de cas la pratique du balayage, nous ne devons pas être suspect de partialité, car nous sommes le premier qui ayons proposé de l'appliquer aux routes (voir notre brochure de 1834, page 134).

Nos essais, à ce sujet, ont commencé il y a vingt ans, et ont eu lieu sur la route la plus fréquentée du département de Saône-et-Loire, et sur une étendue de deux lieues et demie. Ils firent beaucoup rire et jaser ; ce qui, comme on le pense bien, ne nous empêcha pas de les poursuivre.

Dans la vue de diminuer le plus possible l'u-
sure, nous y faisions procéder avec des bran-
ches d'arbres garnies de leurs feuilles, et pro-
menées dans le sens de leur longueur, parallèlement à la voie. Mais cette usure, jointe à
la dépense, ne tarda pas à nous faire penser
que cette pratique ne convenait qu'à des cas
particuliers. Une quinzaine d'années plus tard,
l'opinion d'un ingénieur de nos amis, qui depuis quelque temps avait adopté nos méthodes, nous disposa à l'accueillir de nouveau
comme procédé usuel; mais de nombreuses
expérimentations ultérieures nous ont prouvé
que nous avions eu tort.

Il y a, dans le service d'expériences sur l'entretien des routes que nous dirigeons, un certain nombre de conducteurs fort exercés, qui
sont avec nous depuis long-temps, plusieurs
même depuis plus de vingt ans. Quelques-uns
ont été simples cantonniers, et connaissent par
conséquent très-bien les moindres détails du
métier. Habitués par nous à exprimer libre-
ment leur façon de penser sur tout ce qui a
trait à ce métier, sans cesse occupés, et parfois sur des communications situées dans des
conditions très-différentes, à diriger, à faire
exécuter les travaux, les expérimentations
que nous prescrivons, leur opinion sur ces matières doit, ce nous semble, avoir du poids.
Or, nous n'en sachions pas un qui soit partisan
de cette pratique.

Nous avons eu sous nos ordres, à différentes époques, seize ingénieurs, dont plusieurs,
arrivés avec des dispositions favorables à son
adoption, l'ont rendue, sans que nous y ayons
trouvé à redire, et parfois même avec nos en-
couragements, l'objet d'essais. Or, si nous ne
nous sommes pas trompé, il n'y en a aucun

qui n'ait fini par lui être contraire, sauf, bien entendu, dans les cas exceptionnels.

Enfin, de tous ces ingénieurs nous n'en connaissons que deux, dont encore l'opinion est pour nous douteuse, qui n'aient pas donné leur assentiment plus ou moins complet à nos méthodes. Disons en passant que nous n'en savons aucun qui approuve le picage et le pilonnage.

Passons à la théorie du minimum de dépense, correspondant au maximum de beauté.

Dans un écrit où l'on trouve pour épigraphe cette assertion vraiment étrange : « *Le balai* » *seul peut donner des routes parfaitement* » *belles,* » l'ingénieur à qui nous avons fait allusion, il y a un moment, a adopté pour base de l'entretien ce principe : *Le système d'entretien qui donne les plus belles routes est en même-temps le plus économique*, principe qu'il formule encore ainsi : *Le minimum de dépense répond au maximum de beauté.*

La démonstration que nous avons donnée de l'erreur de ce principe dans notre Essai de Traité sur l'entretien des routes, étant un peu longue pour cet écrit, nous la remplacerons par une autre plus brève, mais qui ne sera pas moins évidente.

On a vu dans ce Manuel que la route même la plus unie est, par le fait, d'une grande inégalité. Or, supposons qu'un ingénieur jugeât à propos d'y faire décaper et remplir de matériaux toutes les petites flaches et dépressions, puis de faire opérer l'enchevêtrement avec un rouleau. Il est clair que si le travail avait été bien fait, cette route serait encore bien plus unie et plus belle, encore bien plus près du maximum de beauté ; et cependant l'opération qui eût produit ce résultat aurait été un acte de folie, et ne serait à coup sûr considérée par personne comme économique. Prenons un autre exemple.

Il arrive souvent, surtout sur les routes fatiguées, que la partie suivie plus particulièrement par les chevaux se creuse légèrement, se déprime de manière à former une flache d'une très-grande longueur, et de quelques décimètres de largeur. Dès que cette flache est très-visible, et a, ne fût-ce qu'un centimètre de profondeur, moins même, le maximum de beauté a disparu, et le système d'entretien qui viserait à donner la plus belle route ne tarderait pas à décaper cette longue dépression et à y faire un emploi, fût-ce en été, sauf à recourir alors à l'arrosage et au rouleau. Or, dans ce cas encore, il s'en faudrait de beaucoup que ce fût un entretien économique.

Ce que nous venons de dire des directions souvent suivies par les chevaux, s'applique aux commencements de frayés formés par les roues, et à cette multitude de dépressions qui, n'offrant qu'un parcours doux et uni, ne donnent pas lieu à la moindre augmentation d'usure ni de tirage.

Voilà certes, dans ce peu de mots, bien des exemples journaliers de l'erreur du principe; mais citons-en encore deux, empruntés à deux ordres d'idées différents.

Sur les routes fatiguées, même médiocrement, il arrive souvent, en hiver, que la gelée saisit la boue avant que l'on ait eu le temps de l'enlever. Or, n'y fût-elle qu'en couche mince, il en résulte constamment une surface rugueuse, plus ou moins cahotante, pénible et assez laide. Il faudrait donc alors, pour obtenir, non pas un maximum de beauté, non pas même un maximum de bonté, mais un simple adoucissement au labeur de la circulation, faire piocher et enlever, au moins en partie, les aspérités. Or, qui croira ce travail économique ? qui même verra jamais une route assez bien dotée pour que l'on puisse songer à l'y exécuter ?

Dernier exemple : quand on vient d'époudrer, et même avec un balai neuf des plus doux, une portion de route, si excellente soit-elle, il y reste encore de la poussière, et l'on peut l'enlever avec un plumeau ou avec un soufflet. Quelqu'un conseillera-t-il de le faire, et surtout à titre de procédé économique ?

Moins que personne nous voudrions être injuste envers un des ingénieurs qui ont le plus contribué à propager nos méthodes ; moins que personne nous oublierons qu'après avoir beaucoup fait pour les routes d'un département qui en avait de fort mauvaises, il a rendu de toute beauté celles d'un autre où elles étaient affreuses, qu'il a par ses écrits, ce qui est encore plus utile, fait bien mieux apprécier par le public la sollicitude que méritent les voies de terre, et la grande infériorité du système de la réglementation du roulage sur celui de son affranchissement ; mais serait-ce être injuste que de faire voir, quand nous pensons que cela est utile, ce qu'il peut y avoir d'inexact dans ses publications ? Nous ne le croyons pas.

On l'a dit souvent, et généralement avec raison : *Le mieux est l'ennemi du bien.* Il faut se défier de l'exagération. Or, il y en a beaucoup dans les opinions de cet auteur sur le balayage et dans sa théorie du maximum de beauté. Elles sont presque en entier infirmées par la connaissance des phénomènes qui se passent sur les routes. Nous l'avons déjà répété vingt fois dans nos écrits, et souvent encore nous le répéterons : Quiconque, en fait de routes, prendra pour guide des idées spéculatives, et espérera y découvrir quelque chose de capital, sans s'être rompu aux nombreuses expérimentations, qui seules peuvent donner une notion exacte de ces phénomènes, sera presque aussi sûr de se fourvoyer que celui qui, pour avoir fait quelques manipulations de chimie, se flatterait de faire faire avec ces idées un grand pas à cette science.

NOTE B.

Notions statistiques sur les chemins vicinaux, extraites du rapport présenté au Roi par le Ministre de l'Intérieur, le 13 Décembre 1843.

Les chemins vicinaux classés ont un développement de . . . kilom. 639,862

Ceux de grande communication y sont compris pour . . 52,975

Et ceux de petite, pour . . 586,887

Il y en a donc par dép., en moyenne, de ceux-là . . . . 646 k.

de ceux-ci 6,824

Ou ensemble. . . 7,440 kil.

Le nombre des communes appelées à concourir aux dépenses des premiers est de 20,187. Chacune en a donc

moyennement une longueur
de . . . . 2 k. 62
Celui des communes où
sont situés les seconds est
de 36,029. Chacune en a donc
moyennement une longueur
de . . . . 16 k. 29

Ou ensemble . . . . . . 18 k. 91

Le nombre des premiers
est de . . . . 2,485 k.
Et par conséquent, leur
longueur moyenne de . . . 21 k. 32
Celui des seconds est de . 338,529
Et par conséquent, leur
longueur moyenne de . . . 1. 73
En 1844, les chemins de
grande communication ont
reçu, savoir :
En nature . . . . 6,452,969 f. ∘
En argent . . . . 17,293,655 ∘
Ou par kilomètre :
En nature . . . . 121 f. 81
En argent 326 45

Ensemble . . . . 448 f. 26

Mais, par suite de reliquats
provenant de l'année précédente, la dépense réelle a été
de :
En nature . . . . 126 f. 69
En argent 424 71

Ensemble . . . . 551 f. 40

Ceux de petite communi-
cation ont reçu :
   En nature. . . . . 17,446,115 f. »
   En argent. . . . . 10,422,769 »
     Ou par kilomètre :
   En nature. . . . . 29 f. 73
   En argent. . . . . 17 . 25

     Ensemble. . . . . 46 f. 98

Il y a des chemins de petite communication
qui, comme dans le département de la Seine,
ont reçu par kilomètre plus de 300 fr., et,
comme dans celui de Seine-et-Marne, en ont
eu plus de 200 ; mais il y en a d'autres qui,
comme dans les Landes, la Haute-Loire et le
Lot, n'ont obtenu que 7 francs.

Un grand nombre de chemins vicinaux sont
encore dépourvus de chaussée sur de grandes
longueurs. Sur ceux de grande communication qui en ont, l'épaisseur de cette chaussée
varie entre 0^{m}10 et 0^{m}30, et sa largeur entre 3 et 4 mètres ; la largeur totale de la voie
est de 7 mètres, non compris les fossés ou
les talus.

Dans 36 départements, les chemins de petite communication n'ont pas un homme spécial pour surveiller les dépenses qui s'y font,
et cependant ces dépenses équivalent à plus
de 7 millions.

TABLE DES MATIÈRES.

AVANT-PROPOS.

OUVRAGES DE L'AUTEUR.

1.° Théorie et Pratique des mortiers et des ci-
ments romains;
2.° Mémoire sur la nécessité d'une liberté illi-
mitée dans les charges du roulage, et sur les
moyens pratiques de maintenir les routes en
parfait état avec cette liberté, sans accroître
la dépense;
3.° De l'Art d'entretenir les Routes, ou comparaison de trois systèmes d'entretien;
    Savoir:
    1.° Celui de Mac-Adam;
    2.° Celui généralement usité en France;
    3.° Celui de M. Berthault-Ducreux;
4.° Des Mesures qui peuvent le mieux assurer
le rétablissement des grandes routes et des
chemins vicin., tout en aidant l'industrie des
transports, au lieu de lui créer des entraves;
5.° De l'Entretien des routes et du roulage;
6.° Éléments de l'Art d'entretenir les routes;
7.° Comparaison des routes, des voies mari-
time et fluviale, des canaux et des chemins
de fer;
8.° Essai d'un Traité sur l'Entretien des routes
en empierrement;
9.° Notions sur le service d'Expériences sur l'Entretien des routes, etc., etc.(Août 1841);
10.° Une Visite à un Empierrement très-fré-
quenté, etc., etc. (Novembre 1841);
11.° Exposé et application des faits, attributs et
principes, tant principaux que particuliers,
les plus importants à prendre pour guides
dans les questions relatives à l'entretien des
routes et à la police du roulage.
12.° Une Visite à quelques routes en empierrement, etc., etc. (Avril 1842);
13.° Note sur le roulage et les routes d'Angleterre et de France (Mai 1843);
14.° 2.me Note sur le roulage et les routes d'Angleterre et de France (Août 1843);
15.° 3.me Note sur le roulage et les routes d'Angleterre et de France (Mars 1844).

POUR PARAITRE PROCHAINEMENT.

1.° Manuel du Cantonnier de grandes routes;
2.° Historique, situation et raison d'être du
service d'expériences sur l'entret. des routes.